昼スナック
ママが教える

45歳からの「やりたくないこと」をやめる勇気

はじめに
～スナック開店前に～

「スナックひきだし」の紫乃ママこと、木下紫乃と申します。

スナックのママの本と言えば、「銀座のママは靴と時計で男を判断する」とか「ママの波瀾万丈伝」「細腕繁盛記」的なものがよくあるパターンじゃない？ そんな内容を期待された方には申し訳ないです。この本はそういう類いではありません。だって日経ＢＰさんがスナックのママ本を出すんですから。そう、この本はビジネス書であり生き方本です。

スナックのママと言いましたが「なんちゃってママ」です。私は２０１６年に「40代、50代のミドルシニア向けキャリア支援」を掲げて「ヒキダシ」という会社を設立しました。自分と同世代、つまり40代後半から50代が社会に出たときと比べると、今の世の中はあまりに大きく変貌してしまいました。同世代の仲間の多くが立ちすくんでしまったり、前に進むのをあきらめてしまったりしているように見えて、なんとかしたいと考えたんです。大人になったら誰も生き方を教えてくれない。みんな迷っています。でもね、実は答えは自分の中にあること、自分が決めなければいけないこと、本当は分かっているのよね。一歩踏み出す勇気が持てないだけ。

だから私はキャリアコーチングや企業研修を通して、ミドル世代の人たちが培ってきたその人らしい持ち味や強み、思いを引き出して、次の活躍の場を「自分で」見つけていく応援をしたいと思ったんです。でも、その活動を始めて気付いたのは、「真面目な場」だけではなかなかうまくいかないということ。会社以外の場所で、もっとフラットに、気軽に、本音で話せる場所が必要だと。だから始めてみたのよ。「スナック」を。

と言っても、私はいわゆるヤドカリママでした。麻布十番にある友人のバーを、週1日、昼間だけ借りて「スナックひきだし」と看板を掲げ、3年半営業してきました。昼間に営業するスナックだから通称・昼スナ。「もやもやミドルシニアの方にぜひ！」と旗を揚げたけれど、会社員から社長から子連れの主婦まで……。約2000人の背中を押してきました。また、「私も昼スナをやりたい」という人もたくさんいらっしゃって「昼スナブームを巻き起こした」なんて言われたりもしました。

スナックママとして3年半、実にさまざまな人にお会いして、私たち世代の考え方にはやっぱり「傾向」があることに気が付いたの。一つは「自分には何もない」と思い込んでいること。もう一つは、自分で長年かけてつくってきた窮屈な「枠」に自らハマってしまっていること。そして、そんなもやもやを相談できる安全な相手が案外いないということです。

この本に登場するオーバー40歳の8人の働く女性たちも、みんな頑張り屋で、堂々と胸を張ってもいい人生を送ってきているのに、どこか自信を失っている人たちでした。大きな企業の中で自分の存在価値を見失っている人、起業しているのに「自分には何もない」と思い込んでいる人、自分の居場所はここではないと分かっているけれど、どうしていいか分からない人……。

紫乃ママとしては、そんな状態って本当に「もったいない」と思うんです。だからなじみのスナックママとして無責任に、彼女たちの背中を押してきたの。自分で自分の顔が見えないように、自分の美点や持ち味は自分で分からないもの。赤の他人だから言えることがあるんです。人はそれをお節介と呼ぶかもしれません。でも今の世の中にはお節介が少な過ぎるって思わない？ そんなお節介を、私は懲りずに続けていきたいの。だって私たちの世代が自分らしく生きる姿を見せることは、後に続く世代への励みになると思うのよ。忙しいと思うけどさ、ちょっと寄ってってってよね。

2020年11月「スナックひきだし」紫乃ママより

目次

PART 5

男と女の生きづらさは表裏一体!?

男性学の論客・田中俊之さんと男性2人がご来店

男性に「働かない」選択肢はあるのか?
転職も学び直しもだめ…「嫁ブロック」に諦めモード
男の大きな夢を語らされ問題、無駄にあおられ問題!
「名もなき家事」でマウンティングされる
「老後は夫婦仲良く」は男のロマン?

「日経ARIA」の連載も
読んでよね
https://aria.nikkei.com/

※本書に掲載の情報は働く女性向けウェブメディア「日経ARIA」に連載中の「昼スナックママに人生相談」の記事(2019年2月〜2020年5月公開)を大幅に加筆、再編集したものです。個人が特定されないよう、事実関係を一部変更しているものもあります。あらかじめご了承ください。

PART 1

会社を辞めたことを正解にしたい人への処方箋

Session 1

自分の仕事に「タグ」を付けよう

「会社を辞めた選択」を「正解」にできるのは自分だけ

来店客1

「肩書迷子」なフリーランス44歳

高山加奈子さん（仮名、44歳、独身）

大手金融に入社し、総合職として働いて14年が過ぎた頃、自分は出世ラインから外れていることをなんとなく悟りました。仕事に楽しみを見いだせず、「このままこの会社にいて大丈夫？」と不安になり、36歳で新たな道を求めて退社。それ以降、個人事業主として事務サポート、中小企業の業務プランニングなど複数の仕事を掛け持ちしていたら、あっという間に8年が過ぎて44歳に。独立はしたものの自分が胸を張れるスキルがまだ見つからなくて……。

紫乃ママ　いらっしゃい。あれ、どうした？　なんだかさえない顔してせっかくの美人が台無しよ。

加奈子　……ハイボールお願いします。思い切って会社を辞めてもう8年たつの

ですが、なかなか「これが自分の仕事！」とアピールできるものがなくて。のらりくらりとやってきた感じなんです。これからも会社組織に属するつもりはなく、自分のスキルで勝負していきたいと思ってはいるのですが。

紫乃ママ　はい、濃いめのハイボール。まずね、超安定・優良企業をよく36歳でスパッと辞めたわ。大手金融で働いていたなんて、当時の年収は相当あったでしょ？「会社にぶら下がって生きよう」と、割り切ってやりがいは捨てている人も多いなか、「このままじゃ嫌だ」「私にとってHappyな未来はない」という自分の感情を大事にして辞めた。その選択には勇気が必要だったはず、偉いよ。

時間は可能性とイコールだからね。

加奈子　会社を辞めてしばらくは、いろんなことを経験しようと思ってコンビニエンスストアでバイトもしていたんです。

紫乃ママ　大手金融に長くいた加奈子さんが、一回りも年下の同僚たちに怒られながらコンビニで毎日ばりばり働いたなんて、すごくガッツがあるじゃない。尊敬するわ。

加奈子　得難い経験でした。それ以降は、前職なら誰でもできて当然の事務スキルが意外に重宝され、小さな会社の事務を請け負ったり、店舗運営の会社では、自分が楽をするために事務オペレーションを効率化したり、それぞれの人の得意分野を生かしたシフト管理をしたり。一応、仕事は途切れずに続いていました。でもね、最近思うんですよ。**私はいったい「何屋さん」なんでしょうか。**

「やってきたこと」ではなく「やり方」に注目してみる

紫乃ママ　**独立して8年間食うに事欠かなかったんだから、自分で気付いていない「売り」があったはず。**例えば今さりげなく言った「自分が楽をするために考えた仕事の効率化」、それなんかかなり価値があることじゃない。他人の得意なことを見つけて適材適所のシフト管理ができることだって、それが効率化や利益向上に結び付いている。小さな会社ではそんなことに目を配る余裕や能力が足りないことが多い。それを提供できることは加奈子さんの大きな強みだと思うよ。

加奈子　大手金融時代から、どの部署にいるときも仕事の効率化は高い優先順位でやっていたし、パート、契約社員など働き方にバリエーションがある人たちにも適材適所で仕事を回し、それで効率を上げることも当たり前のようにやっていました。それが生きているのでしょうか。イベント運営の業務委託として企画立案、人員の配置、シフト管理などを一手に引き受ける仕事は8年間続いていて、社長の信頼も得ています。

紫乃ママ　**それはきっと、加奈子さんが「やってきたこと」ではなく「どうやってきたか」が評価されているということじゃないかな。**みんな自分の成果を聞かれると「やってきたこと」を並べがちだけど、仕事をどうやってきたか、つまり「やり方」に注目することで見えてくるものもある。**自分がどんな「やり方」で仕事をしてきたか棚卸しすることは大事だと思うよ。**それが大きな「売り物」

になることもある。

「自信100％」を待っていたら人生が終わっちゃうから！

紫乃ママ　加奈子さん、あなた、自分自身の能力や強みは分かっていないけど、他人の得意なことは客観的に見抜くことができている。それに事務オペレーションの改善を提案して採用された会社もあるんでしょ？　それはプランニング。ざっくりとくくると加奈子さんは「プランナー」じゃないの？

加奈子　でも世の中には立派な「プランナー」がたくさんいますよね。私が名乗るのはおこがましい気がしてしまいます。

紫乃ママ　あのね、あなた、今何歳だと思ってるの？　**自信が100％になるのを待っていたら現世が終わっちゃうでしょ！**　そんな時間はないって。100％の自信がなくてもまずは名乗ってみる。今ここで自分にタグを付けてみる。特に女性はね、完璧主義過ぎるの。その辺の男子見なさいよ、6割ぐらいしか実力なくても「あ、できますできます！」って仕事受ける人いるじゃない。そういう人って最初はうまくいかなくてもそのうちに成果が出せるようになる。**それは自分で機会をつかまえにいってるからなの。**

大企業に長くいた女性ってキッチリし過ぎていて機会を逃しがち。男子たちの「いい加減さ」を少しは学んだほうがいい。**自分でタグを付けたら、それに見合うように努力していけばいいのよ。**自分を信じてね。まずは勇気を持って名乗ること。じゃないと、「プランナーとは何か？」なんて、答えが見えない神学論争みたいな泥沼でずっともがき続けることになる。そんな時間はないでしょう？加奈子さんが既に持っている得意技に気付きましょうよ。認めてくれる人がいたから独立して8年も続けられているの。気付いていないかもしれないけれど、それは実績なのよ。やってきた自分をまずは認めること。

自分がやってきた仕事に3種類「タグ」を付ける

紫乃ママ　何度も言うけど、まずは自分にタグを付けて人に見つけてもらうこと。そのタグは1つじゃなくてもいい。どこでどうつながっていくか分からないから、3種類くらいあったほうがいいわね。大事なのはズバッと言い切ること。自信がない人に仕事の発注は来ないから。

加奈子　……なるほど。あまり堅く考えずに「プランナー」というタグを自分に付けて、まずは名刺を作ろうかな。

実は私、会社員時代の最高年収900万円の源泉徴収票を捨てられずにいるんです。記念にって。古巣の人には「それを捨てて辞めるなんてもったいない」と散々言われました。でも、**年収は人生の満足度にそれほど関わっていないことに辞めてから気付きました。**会社を辞めた選択を後悔したことはないんです。

紫乃ママ　ふふふ。**選択にはね「正しい選択」や「正しくない選択」なんてないの。「会社を辞めた選択」を自分で「正解」にしていくしかない。**加奈子さんが選んだ道を、何年もかけて正解にしていけばいい。会社を辞めたことがゴールじゃないでしょう。「何屋さん」かだって、経験を積んでどんどん変わっていっていい。それが独立した醍醐味なんだから。結婚だって一緒よ、私の場合……あ、それは別の機会に。また飲みに来てよね。

After Session

自分の仕事に「タグ」を付けよう

40代くらいになると、会社を辞めて独立する人も増えてくるよね。私もなし崩し的に個人事業主になったのは45歳だった。でも独立したら、「○○会社の××部課長」というこれまでの肩書がなくなっちゃうじゃない？ そこで大事になってくるのは、「自分の仕事にタグを付ける」こと。**今までは会社が決めた肩書だけど、独立したんだから自分で自分の肩書を付けちゃえばいいのよ。**

では、どうやってタグを付けるのか。今の時代のタグの付け方にはコツがある。**まずはタグを1つに絞り込まないこと。むしろ、タグは1つじゃないほうがいい。**

どんな人にもいろいろな面があるじゃない？　それをアピールポイントにすればいい。一番稼いでいる仕事のタグがまず1つ目。次は自分が「これからお金にしていきたい」と思って取り組んでいることのタグ。そして3つ目は本業とはちょっと離れた趣味や好きなことのタグ。

例えば加奈子さんの場合なら、イベントプロデューサーというのがメインのタグでしょ。そして本業じゃないけど、若いジャズミュージシャンたちの支援もしているらしいから、それも2つ目のタグじゃない？　それ自体はまだもうかってないとしてもね。そして3つ目は、加奈子さんは、田舎の農家さんと仲良くなって、農家さんの農作物をマルシェで売るのが好きらしいから、そのタグも。「ジャズミュージシャンを応援しながら、時々マルシェで農作物を売っているイベントプロデューサー」の加奈子さん。なんか面白い仕事が来そうじゃない？　肩肘を張らずに、「自分が何をやっている人か」を考えてみたらいいのよ。せっかく独立して会社のタグを外したんだから、自分の好きなタグを付けたらいい。

肩書は相手に「フック」をかけるためのもの

タグの一つ一つは平凡であっても、3つあれば組み合わせの面白さが生まれる。

私の場合は……

私「研修講師をしているんです」

相手「はいはい」

私「ミドルシニア向けのキャリアコーチングもしています」

相手「ほうほう」

私「昼スナックのママもやっています」

相手「えーっ?!」

っていう3つ。どれか1つのタグだけなら、他にもたくさんいるけど。でもこの3つを組み合わせたら、日本に私ぐらいしかいなくない？「企業で研修講師して、コーチングをやっている昼スナックのママって、一体何者?」ってなるじゃない?

あとさ、これから起業したいと言っている人にありがちなのは「名刺を作りたいんですけど、まだ何も起こしていないから作れない。肩書に書くことがない」っていう悩み。何度も言うけどさ、名刺やそこに書く肩書なんてなんでもいいのよ。相手に興味を持ってもらえてなんぼ。準備していることがあるなら、「〇〇準備中」「〇〇企画中」ってそのまま書いたらいい。「〇〇研究家」でもいいし。

自分の肩書やプロフィールは、「みんなに自慢できるもの」じゃなきゃっていうのは思い込みです。

会社員生活が長かった人は、ほら、会社からかっこいい肩書をもらえるじゃない?　だから独立しても最初からかっこいいものを付けたくなる。でもね、名刺や肩書っていうのは相手に「フック」をかけるためのもの。その人への手がかりね。フックがあるから会話のきっかけができる、興味を持ってもらえる。フックがあれば、相手の頭の中に残るでしょ。大事なのは人の目に留まることなの。だから、ちょっと訳が分からないくらいのほうが、むしろいい。私なんて今の肩書は「CHO」、つまり「チーフヒキダシオフィサー」よ？ 何それ？ でしょう。

でね、そうやっていろいろなタグを付けていくと、自分が大事にしている共通項も見えてくるはずなの。最終的には、そのいろいろなタグの共通項に集約していくの。私が自分で勝手に付けたたくさんのタグを集約すると「ヒキダシ屋」。大企業からスナックまで、自分がいろいろな場でさまざまな形で活動していることの目的を集約したら「人の強みを引き出すこと」だと気が付いた。「プロデューサー」とか、「研修講師」ではなく、「ヒキダシ屋。人の強みを引き出します」。そう自己紹介すると、「それ何？」ってみんな興味を持ってくれる。

自分らしいタグ付けをしたら、それをどんどんブラッシュアップしていけばいい。今はSNSが発達して、オンやオフ関係なく、人の「在り方」が丸裸に見えてしまう時代。**TO DOだけじゃなくTO BEも含めた、他でもない「自分ならではの在り方」を3つのタグで表現して、たくさんの人たちの中で、「記憶に**

とどめてもらう」「思い出してもらう」「見つけ出してもらう」存在になれたら、
これからが楽しくなると思うのよ。

紫乃ママ's金言

自分の肩書は自分で付ける
背伸びもOK！人に声をかけられたもの勝ちよ

「スナックひきだし」

紫乃ママが誕生するまで ❶

偉

そうに「ミドルシニアのキャリア支援を」なんて言っている私ですが、思えば、私こそ、笑っちゃうくらいに「キャリアの軸」のない人生を歩んできました。40代まで転職を繰り返し、ついでに、結婚も3回繰り返し、ほとんど行きあたりばったりの人生。正直、軸もこだわりも何もなかった。

社会人の出発点は、今や一流企業と呼ばれるリクルートへの入社です。当時はバブル最後の頃で、特にやりたいこともなく、なんとなく社会人になった私。7年ほど頑張ったけど体を壊して、次の当てもないのに辞めてしまいました。その後、暇そうな私を見かねた友人に声を掛けてもらい、零細広告代理店にバイトで入社。DMハガキのシール貼りや、顧客向けの小さな広報誌を作っていました。でも1年くらいでつまらなくなってしまいました。リクルート時代の知人に「なんか仕事ない？」と聞いていたら、ある先輩から、郵政省（当時）のプロジェクトを手伝わないかと声をかけてもらいました。仕事内容は、当時出始めたばかりのインターネット系の仕事。社会実験をするプロジェクトの事務局業務でした。

え、ネットの知識？　ははは、そんなものあるわけないじゃないですか（笑）。広報誌を作ってたんですよ？　でも「今までと違う仕事をやりたい」という理由だけでそこに潜り込み、2年近く「事務局」として分かったような顔をして仕事をしていました。その頃にプライベートでは2回目の結婚をしたのですが、結婚相手が海外赴任となり、今度は夫と一緒に海外へ行っていわゆる「駐妻」となりました。おほほ。でも子どももなく、駐妻付き合いもつまらないし……。そんな状態に飽き飽きしてきた私は、だんだん夫とも歯車がかみ合わなくなり、とうとう一人でスーツケース一つだけ持って国際家出、帰国してしまいました。2回目の離婚です。

（P50、②へ続く）

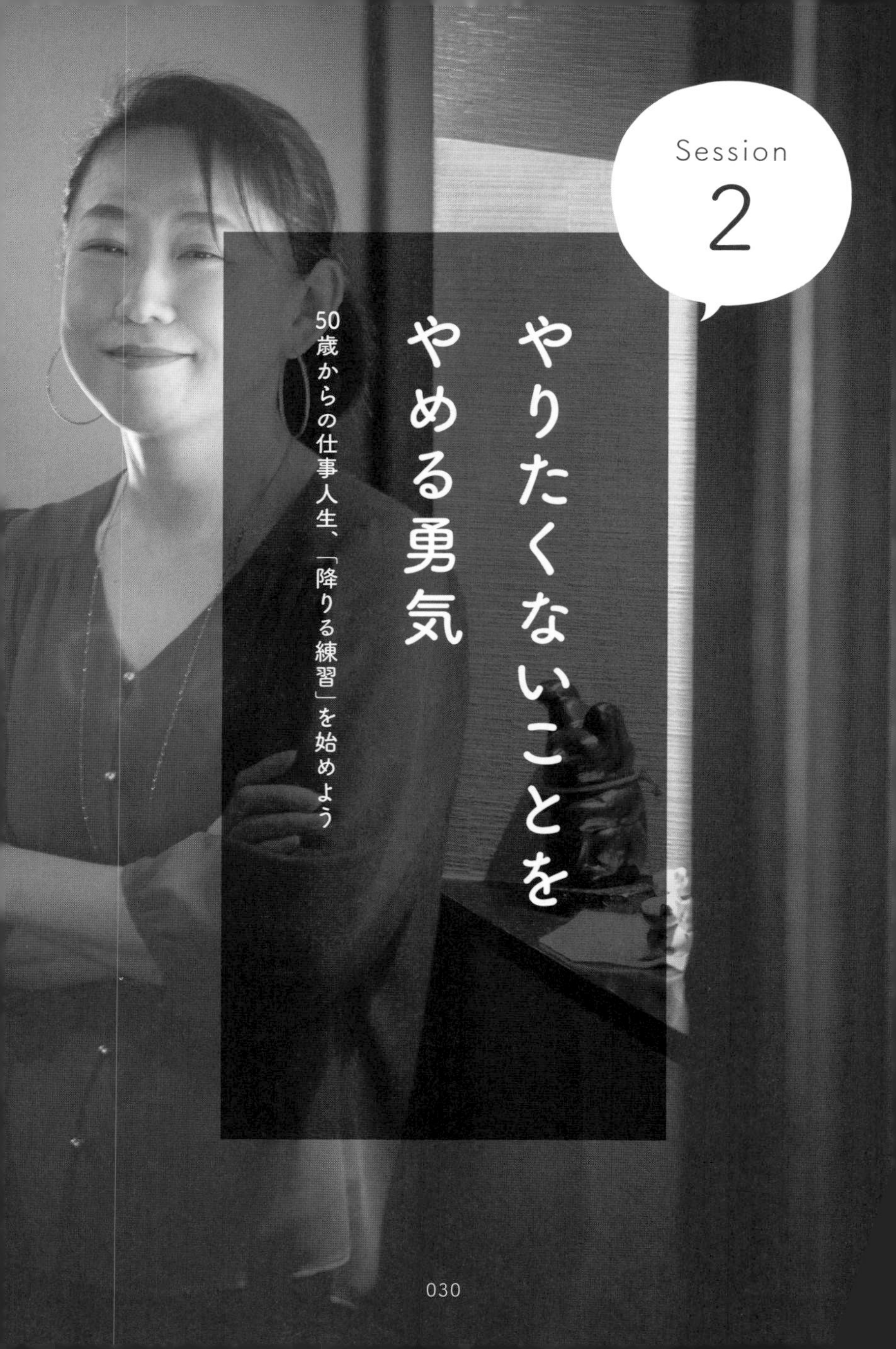

Session 2

やりたくないことをやめる勇気

50歳からの仕事人生、「降りる練習」を始めよう

来店客2

組織から「降りる練習」を始めた52歳

関口裕子さん（仮名、52歳、既婚）
大手電機メーカーに就職。広告宣伝、法人営業などを経て、数々の新規事業立ち上げに携わる。3年前にゼロから立ち上げた事業が子会社化され、その部長に就任。ところが会社の都合で、全く関係のない子会社へ出向することに。ポジションはよくても所詮「外様」扱い。やりがいも手応えもない日々に悩んでいた時、紫乃ママのある言葉をきっかけに思い切って退職。IT企業に転職したものの、そこでも新たな悩みの種が……。

紫乃ママ　あら、いらっしゃい。お久しぶり。1年ぶりくらいかしら？ 相変わらず服装がパリッとしてらっしゃる。

裕子　紫乃ママ、1年前はいいアドバイスをありがとうございました。おかげでつきものが落ちたみたいにスッキリして。**実は、紫乃ママに会った後、会社を辞めたんです。**

紫乃ママ　え〜、私、何を言いましたっけ?っていうか裕子さん、あの時そんなに悩んでいたの?

裕子　悩んでいましたよ〜。あの頃は本当にゲッソリ。会社のことで2年以上、ずっとモヤモヤしていたんです。

紫乃ママ　そんなに長いトンネルだったのね。人も羨む超一流企業の管理職だったのに。

「大企業だからこそ」の悩みがあった

裕子　大企業だからこその悩みかもしれません。私、3年前に社内で一から新規事業を立ち上げて、そこに骨をうずめるつもりだったんです。それが2年前、年齢を理由に子会社に出向と言われて。お客さんもいるし、責任だってある。「給料が下がってもいいから残りたい」って言ったんですけど、却下されてしまって。

紫乃ママ　せっかく企画から考えて立ち上げたのに。会社の勝手な都合よね。

裕子　それで泣く泣く子会社に移ったんですよ。**会社としては「出向先で部長というポジションを与えるんだから文句ないだろ」って感じでした**。でも、心はポキッと折れてしまいました。

紫乃ママ　裕子さんはポジションがほしいわけじゃないものね。そこじゃないのよね。このデリケートな感じ、会社は分かってくれないわよね。これからもっと事業を拡大するってときに離れなきゃいけないなんて、思いが残っちゃうよね。

裕子「君が立ち上げた部署とはいえ、いつまでも君がいたら若い子がやりにくいだろ。**君のポジションは、これから伸ばしたい若いヤツの登竜門にするから**」って。事業の成長とか顧客のためじゃなくて、大企業の一つの「場所」としてしか考えられていない。会社のこういうルールの中でこれからも生きていかなくちゃならないのか、とつくづく嫌になりました。

紫乃ママ でも、出向先の子会社も悪い会社じゃなかったんでしょ?

出向先でおとなしく生きるのは幸せ?

裕子 そうなんですけど、**そこそこ権限があるから逆に警戒されて「変な女が親会社から送り込まれてきた」って陰口を言われるザ男社会でした**。新規事業を立ち上げようにも予算もくれないし、部下もいない。一方で、事業を企画したり、業務を改善しようとしたりすると嫌われる。何もしないでおとなしくしていればいいのかもしれないけど、なんだか無力感が募ってしまって。会社のルールに従って、予定調和的に生きるってことに疑問を感じていました。

紫乃ママ　安定&ポジションがある&給料が高い上に、ラクそう。安定の「不安定人生」を送る紫乃ママ的には、羨ましさしかないけどね（笑）。

裕子　仕事は仕事と割り切って、趣味や副業に生きるっていう選択肢もあるかもしれませんが、まだそっちには行けなくて。この場所を捨てて羽ばたくほうがいいのか、余計なことを考えずぬくぬくと生きていくのがいいのか。2年間ぐらい悶々《もんもん》と悩んでいたんです。そんな時に紫乃さんが……。

紫乃ママ　ああ、そうだった。1年前に裕子さんが来てくれた日はよく覚えてる。あの日はすごく混んでいて実はあんまり話を聞けなかったのよ。今、初めて裕子さんの状況をすべて理解したわ。

裕子　当時は何がしたいか分からなくて、前にも後ろにも進めない状態でした。

「嫌なことをやめる」という決め方

紫乃ママ　せっかく一人で来てくれた裕子さんに何か声をかけなきゃって思ってさ、「今やってること以外に何かやりたいことはあるんですか？」って聞いたら「いや、特に」って。だから私「やりたいことがなかったら、取りあえずやりたくないことをやめてみるっていうのもありじゃない？　私なんか朝早く起きて満員電車に乗って同じ場所に毎日通うのが本当に嫌だったから、自分で会社つくったんだよ」って言ったのよね、確か（笑）。

裕子　その言葉がすごく刺さって。その後、家に帰ってしばらく考えて、「あ、私は今、すごく嫌なことを我慢している状態にいるんだ」って気が付いたんです。**「一番やりたくないこと」は、このまま会社にいることだった。**ここまで30年近く我慢してきたんだから、今、これだけ嫌ならやめてもいいのかなって思えたんですよね。それまでは「安定しているし」「管理職だし」とか、頭で考えたことばかりでした。**紫乃さんに言われたのはもっと直感的、生理的に「嫌なこと**

はやめたほうがいい」ってことだった。

紫乃ママ　「満員電車が嫌だ」。そこには論理なんて1ミリもなし。普通に考えて、生理的に嫌じゃない？　あんなもの。

裕子　でも「そういう理由で人生を決めてもいいんだ！」って、びっくりしました。本当につきものが落ちた。**明確にやりたいことがないまま、この会社にいる人生がとてもつまらないことに思えて。**悩んでいることがバカバカしくなったんです。その瞬間に、もう会社を辞めると決めました。そうしたらなんと、すぐに知り合いから連絡があって、今のＩＴベンチャーを紹介されたんです。それから転職まではトントン拍子でした。

捨ててみたら、欲しいものが入ってきた

紫乃ママ　長年勤めた会社を辞める決断をしてすぐに転職が決まるなんてすごい。

でも、手放さないと余白はできないからね。そこにうまくはまったんですよ。

裕子　持っているものを捨てたら、本当に欲しいと思っていたものがスルリと入ってきた感じです。

紫乃ママ　裕子さんが持っていたものは、実は裕子さんにとっては本当に欲しいものじゃなかったのかもね。**でも、たいていの人が欲しがるような、「安定」や「ポジション」だから、「自分も欲しいのかも」とちょっと錯覚していたのかも。**きっと裕子さんはそれにうすうす気付いていたのよ。

裕子　大学時代の友人にも相談したんですけど、みんな選んだ道が違い過ぎて、いまいちピンと来ませんでした。意外に私と似た境遇の人がいないんですよね。

「恵まれている」という地獄もある

紫乃ママ　裕子さんみたいに外から見て恵まれた境遇だと、かえって誰にも相談できないかもね。大企業はガラスの天井も厚くて、上のポジションは男性たちの集まりだから、社内に残っても肌感覚としてわくわくする未来はない。でも、弱音を吐くと周りからは「いいポジションだしお給料もいいし、何が不満なの?!」って言われちゃう。**人には分からない「恵まれている地獄」ってあると思う。**

裕子　私のように新規事業ばかりやっていると会社の王道ではないから、オールドボーイズクラブにはなじめない。会社から見たら面倒な女なんでしょうね。

紫乃ママ　それで、転職した会社の満足度はどう?

裕子　辞めたこと自体はよかったんですけど、転職した会社にもいろいろトラップはありますね。

紫乃ママ　ほうほう、例えばどういうこと?

裕子　今の会社も完全な男社会なんですよ。それはある意味、慣れてはいますけど。社長は私より15歳若い男性で、仕事のできる完全にトップダウンなタイプ。でも、実は彼、コミュニケーションが苦手なんです。私はいきなり「年寄り」扱いされました。新しい場所で15歳年下の上司を支えることになるとは……。

紫乃ママ　社長だけど、チームづくりができないタイプだ。

裕子　年寄り扱いされてキックアウトされるのも不本意だし、なんとか折り合いを付けていくしかないのかな、と。

「アラフィフ女性」だからできること

紫乃ママ　**でもね、アラフィフの女性だからできることってあると思う。**空気読まないでお節介したり、「老婆心だけど」って前置きして言いたいことが言えたりするのってアラフィフ女性の強みじゃない？　男性同士って年齢が違ってもどこかで競争しがちでしょ。だから、そういう土俵には乗らず、なんでも言えるのがこの世代の女性の強みの一つだと思う。それがうまく機能すれば、若い社長のご意見番みたいな役割に絶対なれると思う。今、セカンドキャリアで「顧問業」ってあるけど、女性は断然向いていると思うのよね。

裕子　**40代まではやりたいことをやらせてもらってきたし、自分の事だけ考えていればいい時代はもう終わったってことですよね**。自分の役割を見つけながら周りをもり立てていく。そういう年齢になったってことか……。

「降りる、目線を下げる練習」を始める

紫乃ママ　そっちのほうが楽しいわよ。これまで完璧過ぎるキャリアを歩いてきたから、今は「降りる練習」だと思って。きっといいメンターになれると思うよ。

裕子　夫からも「山の下り方を考えろ」って言われました。

紫乃ママ　**山を下りるというより、「目線を下げる」ってことかもね。**大人が子どもと話すときにちょっとしゃがんで目線を合わせるみたいな。いい意味の諦めを持って、相手と同じ土俵で戦わないこと。若い社長をアシストしながら今までやってきたことを生かせばいいのよ。母のような気持ちで。

裕子　私、子育ての経験がないから、それが足りないのかな。実は、結婚してから15年くらいずっと自宅で親を介護していたんです。

紫乃ママ　裕子さんは子育てを経験しなくても、代わりにいろいろな役割を果たしてきてる。過去を1ミリも否定する必要はないし、公私とも役割を全うしてきたことは誇りにしていいと思う。人生にはフェーズがあるのよ。自分自身が仕事に打ち込んでやりたいことを実現するフェーズとか、あるいは親の介護のフェーズとか。人によって前後が多少入れ替わったりするけどさ。裕子さんは、今、若い世代を育てるっていうフェーズに移ってきたのよ。

裕子　**自分自身の活躍だけを目指した前の会社は、今となっては、いわばサイズも見た目も合わなくなってきた服みたいなものですかね。**そろそろ次の自分に合う服に着替えないとですね。紫乃ママと話していていろいろなことに気付けました。今までやってきたことを原動力に若い世代を育てて、私の代わりにやりたいことを存分にやってもらいます。

After Session

やりたくないことをやめる勇気

ねえ、そこのアラフィフのみんな、惰性で生きてない？

社会人になって随分たつ私たち。20代、30代の頃はさ、自分の幅を広げるために「苦手なこと」「やりたくないこと」にもチャレンジしてきたよね。やってみて初めて「得意なこと」が見つかって、可能性が広がることも多かったはず。

でもさぁ……**40代、50代になって、「やりたくない」「得意じゃない」と既に分かり切っていることを、それでもなお続けてたりしない？ しかも惰性で。**年齢を重ねるほど、そういう惰性で続けていることの数が増えているんじゃないかなって思うのよ。「もう年だし」って言って。新しいことを始めるにも馬力がいるけど、実は惰性でやっていたことをやめるにも馬力がいる。

生理的に嫌なことから切っていく

今、私たち世代に必要なのは、まず「やりたくないことをやめる勇気」なんだと思う。やりたいことを始める前にね。会社を辞めるかどうか2年間モヤモヤしていた裕子さんも「一番やりたくないこと」は、「このまま会社にいること」だと気付いた。退職を決めたら、すぐに次の職場へ転職が決まったでしょ。本当にやりたいことを始めるためには、やめることを決めて、自分の中に余白をつくっていくこと。

やりたくないことをやめるコツ？　それはね、案外単純。自分の皮膚感覚を信じて生理的に嫌なことから切っていく。私たち世代になるとさ、「直感」って実はこれまでの経験や理論に基づいているものなのよ。初対面の人に会って、「あれ、この人ちょっと違う」と直感で思ったときって、だいたい後でもめたりするでしょ？ そういうの、体で感じられるようになってるのよ。でも、人間って我慢ばつかりしていると「嫌だ」「変だ」という違和感も麻痺《まひ》してしまうの。**一度振り返って、「自分が機嫌よく人生を送ることを脅かしている、生理的に嫌なことはなんだろう」って考えてみてよ。**

理屈や損得で考え始めるとさ、「サンクコスト（今までに費やした時間や労力）」が気にかかって辞める決断ができない。当然、年齢が上がれば上がるほどサンクコストはかさむし。**でも、過去に目を向けた損得にとらわれていると、結局一番大切な「今」という時間、そして今の積み重ねである「これから」の時間を損するんじゃないかな。**人生、残された時間は多くないのだから、自分の直感を信じて、意思決定のスピードを今より1・5倍増しにしてもいいんじゃない。「巧遅《こうち》は拙速《せっそく》に如《し》かず」って昔のお偉いさんも言っているらしいし。

なにはともあれ、自分の時間を埋め尽くしているTO DOリストから「これは私がやらなくてもいい」「これは後輩に任せられる」と仕分けしてみて。

「やるべきではない」という線引きを自分でしていい

真面目な人ほど、「やりたくないことでもやるのがよき市民」みたいな感覚がある。「やりたいことだけをやっていてはダメ」とか、「仕事はわがままでやるものじゃない」っていう自己犠牲礼賛やよく分からない呪いがいっぱいある。そういう呪縛、もういいじゃない、捨てても。これまでにもう十分大変なことをやってきてるよ、私たち。**「自分がやらなかったら周りが困る」というのは実は思い込み。**

特に会社員の場合、できる努力はある程度した上でうまくいかないなら、それは決めた人（会社）の責任。仕組みの問題。私、**いつも言ってるのよ、「最後は他責でいい」って。**「自分次第」とか「自己責任で」とか言われるけどさ、それって組織によるやりがいの搾取でしょ。個人の努力で無理やり現場を回しても、それによって改善されるべき仕組みが改善されないかもよ。大人なんだから俯瞰して考えて、「これは私がやるべきではない」という線引きは自分でしていい。

自分の中に余白をつくらないまま進み続けてしまうと、せっかくやりたいことが見つかっても、「やりたいけど時間がない」「もう現世では無理」と来世持ち越し案件になっちゃう。

それにね、いつも言うように、50代くらいからは「貢献世代」だと思ってるの。何かで誰かに貢献しようと思ったときに「やりたくないこと」を通じてよりも、「やりたいこと」を通じてのほうがよくない？ やりたいことの中からは新しいアイデアも生まれるし、やればやるほど自分がわくわくするじゃない。やりたくないことを抱えていると、いつまでたってもやりたいことを通して誰かに貢献するっていうフェーズにシフトできないと思うのよ。

何度も言うけど人生の時間は限られているんだから、それをどう分配するかは自分でしっかり決める。新しいことを始めるために、まずはいらないものを捨てたらいいのよ。脳みそだけじゃなくて、自分の体や心の声をききながら。

紫乃ママ's金言

「やりたくないこと」はやめて、「やりたいこと」で誰かに貢献するフェーズにシフトしよう

紫乃ママが誕生するまで ❷

P29の続き

帰国したはいいけれど、また無職。仕事を探さないと食っていけないということで、手当たりしだい知人に「仕事はない?」と連絡をしていたところ、私ってなんて運がいいんでしょう。今度は前職で一緒だった知人が大手広告代理店の子会社にいて、人を探していると聞き、早速アプローチ。仕事内容もよく聞かずになんとか入り込みました。できたばかりの小さい会社だったので、社長の秘書業務や企画だの営業だのとなんでもやりました。でも、また2年たつと環境も変わり、その会社が親会社に吸収されることが決定。私は「ひゃーやばい。また路頭に迷う」と焦り、また知り合いに声をかけ……ではなく、今度は「職務経歴書」なるものを初めて書いて、ネットサーフィンで見つけた転職エージェントというものに送ってみました。

そもそも転職エージェントをよく知らなかった私。「こんなサービスがあるんだ! 素晴らしい!」と思ったものでした。ただ、なんせ今までは知人に「なんかない?」って聞く転職しかしたことのない私、その時点でもぶっちゃけ、仕事内容はなんでもよかったんです。続けられそうなら。だから36歳、希望業種・職種は特になし、空欄。でもこんな投げやりな私の話を丁寧に聞いてくれたエージェントの女性は本当に素敵な方だった。彼女は最初、私の職務経歴書を見て黙っていました。多分あきれていたんだと思います。そしてこう言いました。

「あなた、これだけ一貫性なくいろいろなことをやってこられたということは、新しいところに行っても仕事をすぐに学ぶ能力があるということでしょう。そうよね? うん、あなたの売りはそこね。『速習力』。quick learner でいきましょう。それが顕在化できるように職務経歴書を書き直しましょう」と言ってくれました。その時、私の目からウロコが2000枚ほど落ちました。

（P110、③へ続く）

PART 2

会社に「報われない片思い」をする人への処方箋

Session 3

縦ではなく横に広がる成長がある

「出世ラインから外れた」ときにどう振る舞う？

来店客3

10年ぶりに役職ナシを言い渡された46歳

菊地美穂さん（仮名、46歳、既婚）

新卒入社から流通業界、今の会社ひと筋。29歳で結婚、産休育休を2回取得して時短勤務も経験しました。40代で子育てが一段落し、部長昇進試験に挑戦したのですが、女性登用の風はやみ、昇進者数も絞り込まれていて不合格。昨年冬に、「新しい部署のリーダーに」と請われて新規事業部に異動したものの、フタを開けてみるとまさかの役職ナシ。このまま成長の機会を与えられないなら、割り増し退職金制度があるうちに退職して次の人生に踏み出すべきでしょうか……。

紫乃ママ　いらっしゃい。あら、お久しぶり。今日は何かあったの？

美穂　焼酎のソーダ割りください。なんだか最近、心のモヤモヤが晴れないんです。去年の冬に新規事業部に異動になったんですが、仕事内容も職場のメンバーも今までとガラッと変わってしまって……。

10年ぶりの役職ナシ！ 寝耳に水の異動にぼうぜん

紫乃ママ　はい、ソーダ割り。異動先はどんなところなの？

美穂　社内でも期待の新規事業開発部で、事業の内容自体はこれからの可能性を感じるんです。でも、実は前部署の上司から「君を新部署のリーダーにしたいっていうから送り出すことにしたよ」と言われて異動したのに。**フタを開けてみたら役職ナシの一兵卒。**私より5歳下でもサブリーダーのポジションなのに、すごくぼうぜんとしてしまって。

紫乃ママ　えー、それはやる気なくなるわね。いったいどうしてそうなっちゃったの？

美穂　私を引っ張った部長が別の部署にスライド異動してしまったという事情のようです。何も役職がないなんて10年ぶりですよ。まさにゼロからの出発。部署には若手社員が多くて「(子育てしている)お母さんって大変ですよね～」なんて言われちゃって。みんなマウンティングがすごいんです。

紫乃ママ　会社の勝手な大人の事情と「お母さん社員」扱い。それはなえるわ。

美穂　**若い人のやる気をそいではいけないけど、私のやる気はどう育てればいいのか……**。もともと男性中心の会社で、女性であることによる見えない差別はあったんですよ。25歳の時に社費留学をしたくて社内選考試験を受けたんですが、「点数は取れているけど女性は前例がないから」って落とされて。40代の初めに、育休明けですぐに部長昇進試験に推薦されたものの、「不文律だけど育休明け復職1年目は、受けられない」と人事に却下されたこともあります。

女性登用の方針が消滅！ ポスト減で昇進試験に通らない

紫乃ママ　うわあ、「女性の社費留学は前例がない」とか「育休明けは昇進ダメ」なんて、〝女性活躍推進中〟の会社なら完全にアウトな発言よね。男性中心企業の不文律、まさにガラスの天井。

美穂　女性部長は会社全体の1割以下なんですよ。育休明けすぐはまだ女性登用の方針があったんですが、一昨年やっと部長昇進試験を受けた頃には、もはやポストがないこともあって昇進者数が絞り込まれていて。結局うまくいきませんでした。**上にいけば見える景色も違うので昇進はしたい。でも、このまま会社に居続けて私に成長の機会はあるのかなって。**

紫乃ママ　でた！ 男性社会の本音とタテマエ。女性を活用したいと言ってみたり、本音では面倒臭いと思っているからやめちゃったり。まともに一生懸命やっていても状況によって評価されたり、されなかったり。ばからしいよね。

美穂　50人以上いた大卒の女性同期もみんな辞めて今は5人だけ。母親になった同期はみんな辞めてしまいました。

紫乃ママ　女性が多い会社なのに、活用できていないなんてもったいない！

美穂　今回の異動はあまりにもひどいので、私を推してくれた役員に「リーダーと聞いていたのに、どういうことですか?」って直訴しました。そうしたら1週間後に直属の部長が「そんなつもりではなかったんだ」と飛んできて。実はつい先週、プロジェクトの班長になりました。

紫乃ママ　おお、それはよかったじゃないですか！　部長じゃなくて役員に言うあたり、長く会社にいるだけあって社内のボタンの押し方を心得ているのね。それで新しい仕事は面白いの?

美穂　仕事は面白いです。でも、実は私、自宅でこっそり料理教室を開いていて、それも楽しくて。今はあくまでも本業が第一なので、教室はクチコミでしか生徒を募集していませんが、レシピもたまってきましたし、他に片付け塾のようなレッスンも始めたんです。

紫乃ママ　すごいじゃない！ 仕事や子育ても忙しいのに他に副業までやれるなんて。お料理を教えることは、美穂さんにとっては「好きなこと」だから続けられるんだろうね。自分のやりたいことをやって、自分の伝えたい人に伝えられるのは楽しいわよね。

美穂　退職して起業したい気持ちもありますが、年収はかなり落ちるんじゃないかと。そこまでは勇気が出なくて。今は「料理教室は人が来なくなったらやめればいい」と思って細く続けています。勉強になるし、ネットワークも広がってきました。

頭は「辞めてもいい」、心は「辞めたくない」シグナル

紫乃ママ　やりたいことは見えているのね。**だったら、むしろ今すぐ会社を辞めなくても温めながら徐々にスライドしていけば？**　美穂さんの場合は、今辞めたらもったいないわよ。

美穂　やっぱりそう思いますか？　部長昇進試験にはもう一度チャレンジしたいから、辞めるのも中途半端な気もしていて。でも新しい部署での実績がないと昇進も難しいし。

紫乃ママ　定期収入はやっぱり大事よ。昼スナックのママなんて収入が変動して大変、大変（笑）。話を聞いてると、大変そうではあるけど「絶対に辞めたい理由」ってないんじゃない？　社内のおじさんたちのあしらい方も分かってるんだし。

美穂　……結局、会社が好きなんですよね。ただ、この2、3年で目をかけてくれた上司も定年になったし、早期退職の割り増し退職金制度もいつまであるか分からないし。

紫乃ママ　焦って辞めるとその後が不本意な選択になることもあるわよ。まず副業のマイルストーン（中間目標）を作ってみたらいいんじゃない？　やりたいことを3年スパンで計画してみる。教室に集客する仕組みを考えるとか。意識して計画を立てて進めていれば、変わってくるし、見えてくることがあると思うよ。準備を進めて3年後どうなっているか、そのときの状況で改めて判断しても遅くないんじゃない？

美穂さんの話を聞いてると、頭では辞めてもいい、辞めたほうがいいと思っている反面、心や体的に会社に対して深い愛があるのを感じるわ。

自分ほど、会社は自分を愛してくれない…永遠の片思い

美穂　愛と忠誠心はありますね。業界としては女性に厳しいけど、**入社した時に「いい！」と思ったこの会社の可能性はまだ生きていると信じたいんです。**

紫乃ママ　じゃあ、それを今、無理やりもぎ取って辞める必要ないんじゃない？ただ、自分が愛しているほど会社は愛してくれないから、セカンドは用意しておく、的な（笑）。

美穂　そうなんです。でも実は、私よりももっと会社への忠誠心が高かった同僚は、絶望して辞めていきましたね。

紫乃ママ　まあ自分の気持ちが納得するまで愛したらいいじゃない。会社だってどんどん変わっていくから、やり切ったタイミングで辞めればいいんだし。心の

奥で「今辞めるのは違うかも」と感じているのに、論理だけで考えて決めると後悔しそうな気もしますよ。

「ここじゃない」ほうが楽しく仕事ができる、それは幻想

美穂　リーダーに戻れた今は、状況が一歩進んだので気持ちがちょっと持ち直しているかもしれません。その一方で、また不遇な扱いを受けてヨレヨレになるより、自分がもっと生き生きできる仕事に替わったほうがいいんじゃないかと思ってしまうんです。

紫乃ママ　今やっている料理講座の副業を本業にしたら、もっと生き生きできるんじゃないかってこと？　それは幻想だと思う。分かっていると思うけど、どんな仕事でもしんどいことは同じぐらいある。種類が違うだけ。自分が好きだっていう理由だけで始めた仕事でしんどくなってしまうと、逃げ場がなくなる。**今は会社と自分の好きな道と2つあって、「つらかったら逃げられる」と思うから気持**

ちのバランスが取れているような気がしますけどね。

美穂　やっぱりそうですかね……。起業した友人にも言われました。

紫乃ママ　選択肢があるってすてきなことですよ。どちらを選んでも、楽しさの種類が変わるだけでだいたい同じくらいの楽しいことと、同じくらいのしんどいことがあるの。

美穂　確かに趣味でやっている講座はプラス要素しかないんです。手間はかかってもコストがかからないからノーリスクですし。ただ、新しい部署は新規事業だから、やる気のある若手が多くて、ものすごくぶつかり合ってるんですよ。

「全体を俯瞰《ふかん》できる力」は強みにできる

紫乃ママ　若い人たちに「お母さんって大変ですね～」ってマウンティングされ

るなら、「そうなのよ〜」って受け流すキャラでいけばいいじゃない。「若いからすごいわね、さすが！」とか乗せながら、うまく使えばいいんですよ。マウンティングし合うような若手だけではうまくいかないこともあるから、美穂さんなら部内のアンカーになれるような気がする。全体を俯瞰できる力は必要とされているから、きっと強みを発揮できる。

美穂　そうですね。若手は割と直線で動くから、壁にぶつかるのは分かります。部長も年下で、本当に新しい部署でポジショニングに悩んだ2年間でした。

紫乃ママ　その部長もきっと女性の優秀な部下に慣れてなくて、「年上だからみんなを束ねて」と言いたくても、年齢に触れたらいけないんじゃないかと気にしてるんだと思うよ。

だから、例えばスナックのママポジションでいいじゃない。美穂さんは、社内政治の酸いも甘いも分かっているわけじゃないですか。若手中心で混乱気味の部署をうまくサポートしてあげられるはず。みんな手探りなら、チャレンジしがいがある。新規事業も自分の一つの経験にしちゃえばいいんじゃない。まさに、そこにこそ美穂さんの成長の機会はありますよ。それをやり切ってから辞めることを考えても遅くないかもよ。

「NO!」と言えるママの道をつくってあげる

美穂　確かに事業内容も周りの人も替わったので、社内転職みたいなものかもしれないですね。心機一転というか。

紫乃ママ　いろいろ壁はあっても、本当の意味で自然体でやっている美穂さんみたいな女性が後輩のロールモデルになってあげたら？ すべてを犠牲にして働くんじゃなくて、やりたいことはやるけど、やれないことはやらない。**NOと言えるママ社員の道をつくってあげてほしいわね。**

美穂　今も人事とか組合に頼まれて、後輩に向けて働き方について話をすることはあります。女性はみんな十分、頑張ってるんですよね。

紫乃ママ　**美穂さんみたいにキャリアを諦めていない人が、仕事も家庭も趣味も両立して楽しそうに働く姿はみんなに希望を与えると思いますよ。**これまでは子どもを産んでキャリアを諦めるか、独身でバリバリ働くか二者択一みたいなことが多かったけど、後の世代に女性として長く楽しく働く方法を見せられると思うの。男社会と戦うのではなく、働き方のしなやかさと柔軟性を見せてほしい。

美穂　竹のように、折れないでしなやかに働くのが理想ですね。

紫乃ママ　やっぱり、美穂さんはまだ辞めないほうがいいですよ。社内でポジションを取ってマウントするより、周りの若い子をうまくチアアップして、その子たちの力を使ってやりたいことをやっていくことが成長になる。**40代後半になると縦に上っていく成長とはまた違う、横に向かって広がる成長がある。**ある意味、新しい挑戦ね。本業も副業も横に広げながら楽しんでよ。

美穂　なんだかやる気が出てきました。前に進めそうな気がします。

After Session

縦ではなく横に広がる成長がある

出世コースから外れて閑職へ追いやられる「窓際族」。おじさんの代名詞のようだけど、今は長く働く女性も増えたから、50代で役職定年を迎えるって女性も増えている。上を目指して頑張ってきたのに、縦に延びる出世ラインから自分が外れたと感じたとき、どう振る舞えばいいのか。美穂さんは46歳、部長昇進試験に落ち、肩書のないポジションをどう受け止めればいいか悩んでいたのよね。

役職を外れたんだから一兵卒、しかもほどほどに老兵。周りに迷惑をかけないように過ごすか、周囲との距離を取って孤高を気取るか……。どう振る舞えばいいいか分からない、と。でもよく考えてみてよ。今までの仕事、肩書が全部に関係あった？　肩書だけでやってきてる？　肩書がないとできない仕事ばっかりだった？　**肩書なんかなくても、そこで「必要とされる人」になることができるくらいには経験を積んできていない？**　役職が外れて身軽になったんだから、ここからは「縦ではなく横に広がる成長」を目指すのよ。

まず、最初のアクションは、自分が与えられている業務以外で役に立てることがないか、周りに聞いてみること。プライドもあるし、遠慮もあると思うけど、勇気を持って自分から問いかけてみて。

「私が引っ張る」ではなく、フラットに付き合う

そしてその聞き方にもコツがある。「何かあったら声をかけて」、はNG。これ、つい言いたくなっちゃうやつだけど、実際は声をかけづらいのよね。「何か」って何よ。そうじゃなくて自分から歩み寄って、「この取りまとめ手伝おうか」と

か具体的に働きかけてみる。そうすると「あ、ありがとうございます。じゃあそっちじゃなくて、これをお願いできますか?」って具体的なお役立ち案件が出てくる。人の役に立つって面白くってね、自分が役に立つと思っていることは、意外と余計なお世話だったりする一方で、「え、こんなことでいいの?」っていうことがすごく誰かの役に立つこともある。**周りの人たちが何を求めているかを知る意味でも声をかけてみましょうよ。**

特に若い世代には扉を開いておくこと。今まで後輩に対して、「上に立たなくては」とか、「引っ張らなくては」という意識があったかもしれないけど、もっとフラットに付き合っていいと思う。若い人の可能性を引き出してあげたり、人と人をつないだり。会社という組織の中では、女性で年を重ねているという存在は、いい相談役やお世話役になれるはず。長年の経験で仕事の特性や組織についても熟知してるじゃない? 男性が中心の組織の渡り歩き方もよく分かっているはず。他部署との橋渡しをしたり、持っている情報を提供してつないであげたり、時には地雷の埋まっている場所を教えてあげたり。積極的におせっかいしてみてよ。情報は出せば出すほど自分にも入ってくるもの。後輩に親切にしておくと、結局は自分も得をするし、次の展開にもつながるのよ。

会社の中で縦ではなく、横の付き合いを広げる

定年退職まで会社にいるとしても、50歳ならあと10年しかない。役職がなくなって「自分の居場所なんてもうない」なんてふて腐れて、いきなり会社の外でサードプレイスを探したりしている人もいるけど、私はね、やっぱりまずは会社という箱の中で次の「居場所」を探したらいいのになぁって思うのよ。会社って、いるだけでメリットがある場所ですよ。人がいて、プロジェクトがあって……。肩書や評価を気にしない立場になったからこそ、広げられる付き合いもあるはずで。これからは縦にではなく横の付き合いを広げていく。

今まで会社は「仕事をする場所」で、仕事の関係者とだけ付き合っていればいいと考えていたかもしれないけど、その定義を少し変えて、「人とつながる場所」

と捉え直して、自分が担当じゃないことや人とも積極的につながっていく。会社という枠が外れた後でも付き合えるようなリレーションシップを、ここ数年でどれだけつくれるか。それは私たちのこれからの財産になっていく。

上がっていく道がないなら、これまで上に向いていたベクトルを横や斜めに向けて、意識的に目線を変えればいいのよ。世界は広い。今いる部署だけでなく、隣の部署、他の組織、あるいは社外に。会社にいる間に、会社という場所や会社の一員だっていう立場をしっかり利用して、自分のネットワークを広げていけばいい。それが絶対にこれからの人生を豊かにする原資になるから。

紫乃ママ's金言

役職にこだわる気持ちと決別する
肩書がなくても誰かの役に立てるはず

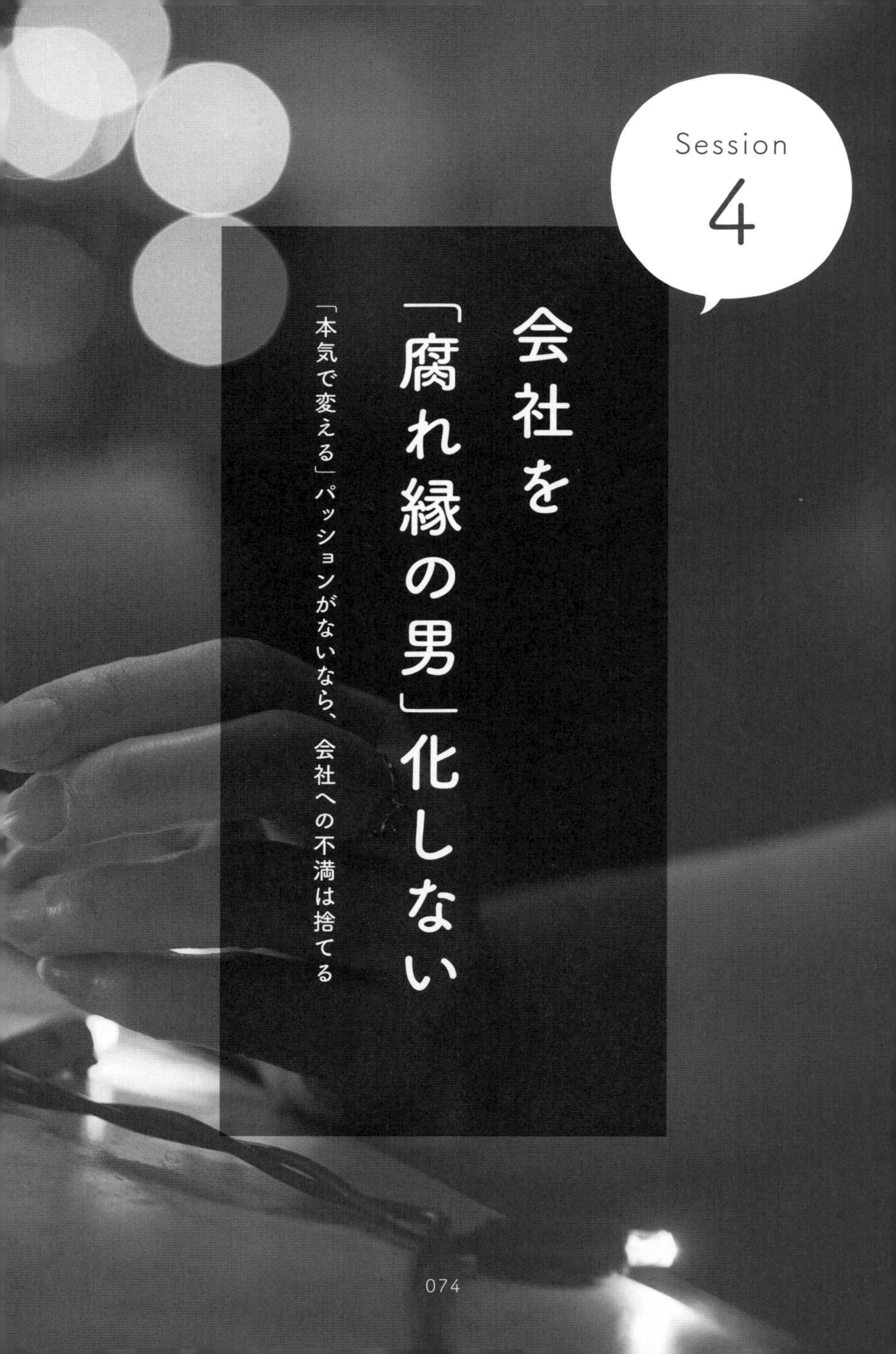

Session 4

会社を「腐れ縁の男」化しない

「本気で変える」パッションがないなら、会社への不満は捨てる

来店客4

マミートラックから抜け出せない48歳

高階恵美さん（仮名、48歳、既婚）
大手マスコミに勤めて約25年。30代で第1子、40代で第2子を出産して育休を取得したのですが、復帰後はこれまでのキャリアとまるで関連のない窓際部署に配属され、典型的なマミートラックに。キャリアの塩漬けから抜け出すため社内公募に応募して異動したものの、いじめに遭い撃沈。50歳間近で役職一つなく、昇進や昇格とは無縁。業界は先細りで明るい見通しもないし、会社の古い体質が嫌で、とにかく会社を辞めたいんです。

紫乃ママ　いらっしゃい。あら、お久しぶり。なんだか顔色がさえないみたいだけど、どうしたの？

恵美　ビール、お願いします。とにかくもう会社がイヤで。辞めたいんです。憧れて入ったマスコミ業界だけど、**育休後に窓際部署に左遷されてしまって……。典型的なマミートラックばく進中なんです。**

紫乃ママ　はいはい、まずはビールでも飲んでリラ～ックス。そもそも、どうしてマミートラックにはまっちゃったの？

恵美　マスコミって本当に体質が古くて「ほどほどに働く」なんてないんです。30代で育休の相談をしたら、上司からひどいマタハラを受けて。当時はそんな言葉もありませんでしたけどね。復帰後は全く興味の持てない「窓際部署」に転属になってしまい、すっかり働く意欲を失ってしまったんです。でも、夫が先に会社を辞めてしまって、私が家計を支えていたから辞めるに辞められない。

紫乃ママ　そっか。昔はマスコミでなくてもそういう異動が多かったものね。でも、窓際部署から抜け出そうと自分からアクションを起こして新規事業に応募したんでしょ。その挑戦は偉いっ！

恵美　そうなんですけど……。40代に入って「もうマミトラはイヤだ！」と思って必死に企画書を書いたら異動がかなったんです。でも、その部署も数カ月で終わりました。

紫乃ママ　えっ？ そりゃ短いわ。何があったの？

脱マミートラックを目指して異動、待っていたのは挫折

恵美　異動先でいじめに遭って。部署にいた独身のバリキャリ先輩女性2人とワーキングマザーの私とでは全然話が合いませんでした。例えば、企画のテーマとして結婚や育休といったキャリアの壁で苦しんでいる人の話をしても、まるで聞いてもらえません。結婚や出産っていうワード自体、受け入れられないんです。

紫乃ママ　まあ、半分は嫉妬だね。自分が持っていないものを持つ人を、羨まし

く思っちゃう人っているのよね。それぞれ幸せのカタチは違うんだから、みんな自分は自分、てもっと割り切ればいいのにね。

恵美　お互いに無理解だったとは思いますけど。先輩たちとぶつかって、鬱になりかけたので逃げ出しました。その時に異動した部署でなんとか頑張っていて5年以上たちました。

紫乃ママ　今の部署で続いてるってことはそこそこ仕事が面白いんでしょ? このまま続ければいいんじゃないの?

恵美　仕事内容は好きなんですけど、会社の体質が本当にイヤで。**いわゆる官僚組織なんですよね。自分を抑圧して頑張らないと生きられない感じなんです。**

紫乃ママ　仮面をかぶらないといけないってことか。そりゃつらいわね。何かやろうとしてダメだと言われることはあるの?

恵美　新規事業はことごとく通らないですね。「こういうことをやりたい」と言ってもほぼ首を縦には振ってもらえないです。でも、自分にも二面性があるんです。会社のやり方に不満を感じて「ふざけんな、辞めてやる！」と思う面と、会社の看板に頼っている面。自分で、新規事業を立ち上げよう！と思うこともあるけど、いや、無理にそんなことしなくてもそこそこの給料はもらえるしなぁ、という気持ちもあって。自分でもどっちつかずなんです。

紫乃ママ　引き裂かれてる感じってわけか。でもさ、話を聞いてると、恵美さんは本当は会社を辞めたいわけじゃないんじゃないの？

恵美　**このまま会社の歯車みたいな社員にはなりたくないんです。**私の会社の男性は家族を置いて単身赴任して、組織のために馬車馬みたいに働いて、辞めたくても家族を養うために辞められない、いわゆる「昭和おやじ」ばかりなんですよ。

紫乃ママ　転勤こそしていないけど、家計を支えていた恵美さんもその「昭和おやじ」と同じじゃない？

恵美　でも、男性たちは何年かすれば会社の中で出世していくんですよ。そこが私との大きな違い。……あれ、こんな発言が出るなんて、**私、意外に「出世」を気にしていたってこと？**　私なんていくら頑張っても役職がつかないし、一度もリーダーになったことがない。そんなに能力的に差があるわけではないはずなのに。男性は50代だと部長職が多いんですよ。

紫乃ママ　**出世ってさ、会社からラベルを貼ってもらうことだものね。**　気にしてない会社員はいないよ。気持ちは分かる。

会社が「腐れ縁の男」化した存在に

恵美　毎年、会社から評価表が渡されるんですけど、その内容についてもいつも不満で。精神衛生上よくないから、ある時から見ないでごみ箱に即捨てるようになったんです。

紫乃ママ　恵美さんは真面目だね。捨てちゃうってさ、結局「評価」をすごく気にしてるからでしょ？　なんだかんだ言っても会社が大好き。認めてもらいたい。でも、会社に対する一方的な片思い。

恵美　えっ、片思いですか！　……確かに嫌だ嫌だと言いながら、会社のおかげで得られたチャンスがこれまでにありました。**この会社の社員だからこそできる仕事もあるし、感謝をしている部分はあります。**

紫乃ママ　ほら、愛が顕在化してきたじゃない（笑）。本当は嫌いじゃないのよ。別れたいって言っても実は口だけ。実際は別れられない。**長年付き合って、いいとこも嫌なとこも全部知ってる腐れ縁の男みたいにね。**

恵美　会社という場ですけど、滞在時間が長いからある意味で生活の場でもありますよね。会社というプラットホームにいることで出会える人もいるし。

紫乃ママ　そうでしょ。じゃあ、何が不満なの？　業界の未来？　業界の先行きなんて考えてみても時間の無駄よ。ヤバイのは別にマスコミだけじゃない。今はどの業界もヤバいんだから、ははは。

会社に「賢くぶら下がる」ために何をするか

恵美　会社も業界も先行きが不透明で、今後10年は波乱に満ちていると思うんです。だから自分も副業するなり独立するなり、新しい道を考えないといけないと思って。

紫乃ママ　そうかしら。むしろ恵美さんは、もっと会社にがっちりしがみつけばいいと思うんだけど。会社が続く限りはその恩恵をゲットしておけばいいのよ。「しがみつく」っていう言い方はよくないかもしれないけど、**しがみつくにもぶら下がるにも絶対にスキルがいるの。全然悪いことではないと思う。**役職なんてなくても会社のブランドやリソースを使って恵美さんが誇りを持って仕事をすることは、結局、自分のためにも会社のためにもなるんだから。

恵美　なるほど……。でも、女性をうまく使いこなしていない会社に対する怒り、というか正義感みたいな気持ちもあるんですよね。

紫乃ママ　分かる分かる。でもさ、はっきり言うけど**「本気で会社を変えるほどのパッション」がないいんだったら、その怒りは捨てたほうがいい。**ストレスになるだけだもの。会社のやり方を変えるなんて、今どき社長だってなかなかできないんだし。その怒りを会社生活の源泉にし続けるのは、かなりしんどいことだし、常に不満を抱えて過ごすことになるから、はっきり言って周りも迷惑。

怒りは忘れて、**自分の半径5メートルをまず大事にして会社で面白いことをやったほうがいい。**小さな面白いことを続けていけばそのうち大きくなっていく。「大企業のぬるま湯に漬かって何か問題ありますか?」っていうぐらいのスタイルもかっこいいわよ。自分のいる状況を楽しんだ方がいい。

恵美　そう言われてみれば、私は恵まれているのかも。私は結局甘えているということでしょうか。

紫乃ママ　甘えているなんて思ってないけどさ、もっと自分が与えられている環境を冷静に判断して、ちゃっかり利用すればいいってこと。ムダな正義感は捨てて、いま一度、自分の身の回りの幸せにフォーカスしてみてよ。

辞めるタイミングは向こうからやって来る

恵美　会社では自分らしくいられないっていうのは分かり始めているので、実は

2人目の子が生まれてから会社以外でサードプレイスをつくってイベントを企画したりしてるんです。お金にはなりませんけど。

紫乃ママ　それはいいわね！　そういうことって、今すぐ仕事にならなくても、絶対今後の資産になるから。会社が本当にヤバくなって、いよいよ独立しなくちゃいけないタイミングが来たときに、**お金よりも、経験や人とのつながりのほうがよっぽど資産として価値があるんだから。**そのときまでメンテナンスしてストックしておくことが大事。

あとさ、合理的に考えて、その会社で出世しても楽しいとは思えないでしょ。役職手当に見合わない苦役がつくのは分かっているんだから。出世したいっていう考えも捨てたほうがいいわよ。

恵美　はい、今日限りその思いは捨てます！　確かに上にいくと駒のように使われますしね。

紫乃ママ　今やっている仕事が会社の中でメインストリームじゃないんだったら、なおさらやりたいようにやればいいのよ。マミートラック万歳よ。**組織にいるなら組織を楽しめばいいの。社内外の活動を合わせた「楽しさの総量」は変わらない**んだから、会社外での活動が面白くなれば自然にそちらにウエートが移る時期が来る。辞めるタイミングは向こうからやって来るはずよ。それまでは会社という「場」を利用していろんな資産をためればいいんじゃない？ ムダな正義感と、ムダな出世欲を捨ててね。

恵美　気持ちがスッキリして、自分の道が見えてきました！

After Session

会社を「腐れ縁の男」化しない

長く勤めた会社であれば、誰しも不満の一つや二つはあるもの。「うちの会社のここがダメ！」とか「こうあって然るべき」という思いが募るのも分かる。相談者の恵美さんも、「会社の体質が官僚的」「新規事業が通らない」と不満がある一方で、**実は会社からの評価を気にしていたり、意外に出世を求めていたりと、会社への報われない気持ちが見え隠れしていたの。**「あの男、本当にムカつく」が口癖で、酒を飲むと文句ばかり言っちゃうんだけど、結局別れられない……つまり、「腐れ縁の男」と同じ。やっぱり会社に愛があるのよね～、愛。ちょっとこじれちゃっているけど。

ダメ男が変わらないように、いくら不満を言っても会社は簡単には変わらない。本当に会社を辞めるかどうかはさておき、まずは**「脱・会社」のアクションとして、会社と自分の距離感をきちんと測り直してみたほうがいい。**自分が「ご機嫌に働く」ためには、会社と「腐れ縁」になってしまっていることを理解して、「新たないい関係」をつくり直す。不満が多い人は、たいてい会社に多くを求め過ぎているのよ。**自分が会社に期待することと、会社が自分に期待することが噛み合っていない。**それをちゃんと見極める賢さは、40代、50代にもなれば持っておきたい。ほら、男に対しても一緒じゃない？ すぐ別れなくてもいいのよ。まずやるべきことは関係性を変えていくこと。

会社に対して批判をすることも、ガス抜きのためと自覚しているならいいけれど、それを「会社を良くしたい、変えたいという熱い思い」だと錯覚しているなら危険。それ、実はエネルギーと時間を無駄遣いしているだけかもよ。行動を伴わない批判は単なるクレーマー野郎。それが楽しくて楽しくて仕方がないなら別だけど、残り少なくなった自分の会社での時間を何に使いたいか、しっかり考えないとね。

会社から受けた恩は恩返しする

自分が「会社から受けている恩恵」を棚卸しして、その利用方法を考えてみれば、文句を言っている暇もなくなると思うのよ。あとは**「会社が自分に求めているもの」をきちんと見直すこと**。「求められているもの」はおそらく20代や30代の頃とは違うものでしょう。利用できるところはちゃっかり利用する、そして「今」求められている期待を理解して応えていく、そうやって折り合いをつけることができれば、会社に賢くご機嫌にぶら下がれると思う。

自分が会社から受けている恩恵に対して、きちんと恩返しできるのであれば、会社での居心地もよくなってくる。人はね、文句ばかり言っているとね、黒〜いオーラが出るんですよ。会社へ愛情があってもそれを受け取ってもらえない。会社にぶら下がるにも、ぶら下がり方は大事。会社を利用して「自分や周りが少しでも楽しくなること」を考えてみて。

紫乃ママ's金言

会社に賢く、ご機嫌にぶら下がるために、改めて会社との距離を取り直そう

PART 3

悩み多き
真面目過ぎる人への
処方箋

Session 5

「被害妄想倶楽部」からの脱却を

アピール下手で、真面目に頑張る女性ほど陥りがちな罠《わな》

来店客5

被害妄想倶楽部、会員No.1の45歳

上野友美さん（仮名、45歳、独身）
新卒で大手メーカーに就職。いろいろな部署を経験する中で会計の仕事に面白さを感じ、30歳目前に経理、財務系の資格を取得。その後は金融系ベンチャーに転職し、経営企画、経理、財務を経験。39歳で上場したばかりの新進気鋭ITベンチャーに転職。財務のスキルを買われて3年前から経営管理室長になったものの、社員の入れ替わりが激しく、私にばかり仕事が集中してつらい……。

紫乃ママ　いらっしゃい。あらーどうしたの？　なんだかお疲れみたいね。

友美　取りあえずビールください。ママ！　ちょっと聞いてくださいよ、今の私の仕事の状況、本当にひどいんですよ。

紫乃ママ　はいはい、まずはビール飲んで。

友美　人数が少ないベンチャー企業でただでさえ仕事量が多いのに、部下のサポートが大変で残業続き。仕事が回りません。上司に直訴したら逆切れされるし！

紫乃ママ　なになに、この「働き方改革万歳！」の時代に残業続き、と。いったいどれぐらい残業しているの？

私だけに仕事が集中して残業の日々…

友美　毎日だいたい22時、23時までは働いていますね。仕事は好きだから働くのは別にいいんですけど、**他の人が20時には帰る中、私だけが残業しないと終わらないって理不尽ですよ。**会社の平均給与よりも低い額しかもらってないのに……。

スタッフが少ない上、組織がしっかりしていなくて、社員が疲弊しちゃってますぐ辞めてしまう悪循環。上司は社内政治に夢中で、私だけが残業の日々。昇給の約束も口だけだし、頑張りが報われません。

紫乃ママ　あらま、それは大変だわ。友美さんは責任感が強くて真面目だから、どんどん仕事が集まっちゃうのね。仕事をこなせちゃう人ほど損する組織なのね。人手も足りないんでしょ。

友美　頭数が足りないというより、仕事のレベルに見合うスキルを持っている人がいないんですよ。ベンチャーで社長が夢を語るタイプだから、求人すれば人は集まるんですが、入社してもすぐ辞めてしまう。私は転職5年目ですけど、もはや管理部門では一番の古株。直属の上司もまだ1年目だから自分の居場所づくりに必死で、状況を把握していない。他に経理・財務全体が分かる人がいないから、私に仕事が集まってしまうんです。

紫乃ママ「ないない尽くし」ね。今の会社を選んだ理由はなんだったの？

友美　前職の上司が今の会社に転職して、私に声をかけてくれたのがきっかけです。ベンチャーで上場企業だから、私が専門にしていきたい財務のスキルも上がるし、前の会社よりも給料はよかったので。ただ、その上司も取締役への出世争いに敗れて転職しちゃいました。

紫乃ママ　ベンチャーはポジションが少ないからポスト争いが激しいのよね。友美さん自身は転職も考えているの？

周りをフォローし過ぎると「社内ダメ亭主」を育ててしまう

友美「ずっとこの会社で働き続ける」とは思っていないのですが、転職は今のタイミングではないと感じています。**専門職なので、他社でも通用するスキルは持っていると思いますが、管理職としてステップアップしたくて。**独身だから住宅ローンも大変です。

紫乃ママ　偉いなー、今の仕事に直結する資格も取っているし、キャリアデザインがしっかりできている。おっしゃる通り、確かにもう業務のスキルアップではなく、マネジメントのスキルアップを考えるべき時機ね。**ところで、友美さん。マネジャーとして一番必要なスキルってなんだと思う？**

それはね、人を動かして、巻き込む力なの。今の状況は「人を動かす練習」だと思って取り組んでみたらどうかしら？　だいたいどこの会社にいっても、同じような問題はあるでしょ。社内で協力者を増やして人を巻き込むすべを身に付けないと、永遠にぺーぺーの域から脱却できないわよ。

友美　本当にそうですね。自分がキャパオーバーになってしまうことで、仕事のクオリティーが下がるのが嫌で。

紫乃ママ　**ねえ、自分が他の人の仕事をフォローしてキャパオーバーになってる**

こと、周りにきちんと伝えてる？ 伝えてないんじゃない？　周りには友美さんの大変さが伝わっていないし「やってもらってラッキー！」ぐらいに思っているかもよ。夫婦と一緒で、旦那ができないからってなんでもやっちゃう奥さんって、結局「甘えっぱなしのダメ亭主」を育てちゃうのよ。旦那は気がつかないまま。

「俺だって頑張ってる」「おまえも悪いだろ」攻撃

友美　実は去年、上司に私にだけ仕事が集中する状況を直訴したら「給料を上げるから今は頑張ってくれ」と言われて。それならと我慢して働いていたのに1年たっても約束の額ほど昇給しない。先月再びその話をした時には、「俺だって頑張ってるんだよ！」と逆切れ。「おまえも悪い」と攻撃されちゃいました。

紫乃ママ　うわ、ありがちー。本当に男って女に正論言われるのが嫌なのよね。でも、伝え方にも工夫の余地はありそう。**たとえ言っていることが正しくても、相手に「こいつ面倒臭いやつだなー」と思われちゃうと、相手の耳に内容が入っ**

ていかないのよね。社内でもいるでしょ。「私はこんなに頑張ってるのに！」っていうイライラした黒いオーラを出している人。真面目で人のフォローをして、いろんな仕事を引き受けている縁の下の力持ちな女性ほど、「なんで私だけ……あの人のほうがポジション上なのに！　ムカつく……うう、仕事してよ！　どいつもこいつも……」っていう不満をどんどん抱え込んで被害妄想に陥ってしまう。**私はそれを「被害妄想倶楽部」と名付けてる。自分で勝手に被害妄想に陥って消耗してしまうのは、機嫌よく仕事をするために一番よくないと思う。**あ、ほら、仕事ってさ、機嫌よくできないと成果は出せないからね。

自分で被害妄想に陥って、自分で自分の機嫌を悪くして、そして周りに煙たがられて、動いてもらえない。最高、いや最低の悪循環よね。頑張ってるのに本当にもったいない。

友美　確かにその上司には「こいつ面倒だな～」って感じで対応されました。**でも、なぜ彼らは自分の仕事なのに「面倒だ」って思うんですかね。**私には信じられません。

上司に思いを伝えて状況を改善するプロセスは？

紫乃ママ　自分の仕事だって思ってないのかもね。「自分はこの会社で生き残ることが仕事」だと思っている人もいる。

友美　じゃあ、どうやって訴えればいいんでしょうか……。

紫乃ママ　とにかく相手を責めると防御モードに入って「俺だって頑張ってる」状態になってしまう。**だから、まずは「今、何が起きているか」という状況や事実を「中立的に伝える」（決して相手を責めない）、そして「状況を改善するための方策を『一緒に』考えてもらう」（相手に押し付けない）、最後は、「ポジションに応じた役割を果たしてもらう」**。このプロセスが大事。「困っているからなんとか助けてほしい」って訴えてみるのも手。

「仕事のクオリティーが低い人」にも言い分がある

友美　**「助けてほしい」って言えばよかったんですね！**　考えたことなかったです。

紫乃ママ　負けて勝つじゃないけど、上司にはうまく味方になってもらわないとね。「こうしないとお互い損しますよね。だからこうしましょう」って、納得してもらうこと。そして、「一緒に問題を解決していきましょう」っていうスタンスに立つのが大事ね。

友美　部下にも「仕事のクオリティーが低い」と言ってはダメなんですね。

紫乃ママ　**クオリティーが低い人にも、その人なりの言い分があるからね。**「仕事ができていない！」と責めても意味がない。なんで困っているかを聞いて、どうすればできるようになるのか一緒に考えてもらう。「みんなでクオリティーを上げていこう」っていう目線で。友美さんには人をフォローするスキルは十分あると思うから、**これからはフォローしなくていいようにうまく人を動かすことね。**

友美　なるほど。フォローしても結局私の仕事が増えるだけですもんね。

紫乃ママ　ところで、友美さんはぶっちぎりで仕事にまい進している感じがするけど、他に、やりたいこととかはないの？

「3つの場」があれば人生のバランスがいい

友美　実は仕事以外にあんまり趣味がないんです。以前は旅行にもよく行ったんですけど、忙し過ぎて徐々に仕事オンリーになってしまって。外に出なきゃとSNSでスイーツを食べる交流会に参加したことがあるんですけど、あまりにも話が盛り上がらな過ぎて参加するのをやめてしまいました。

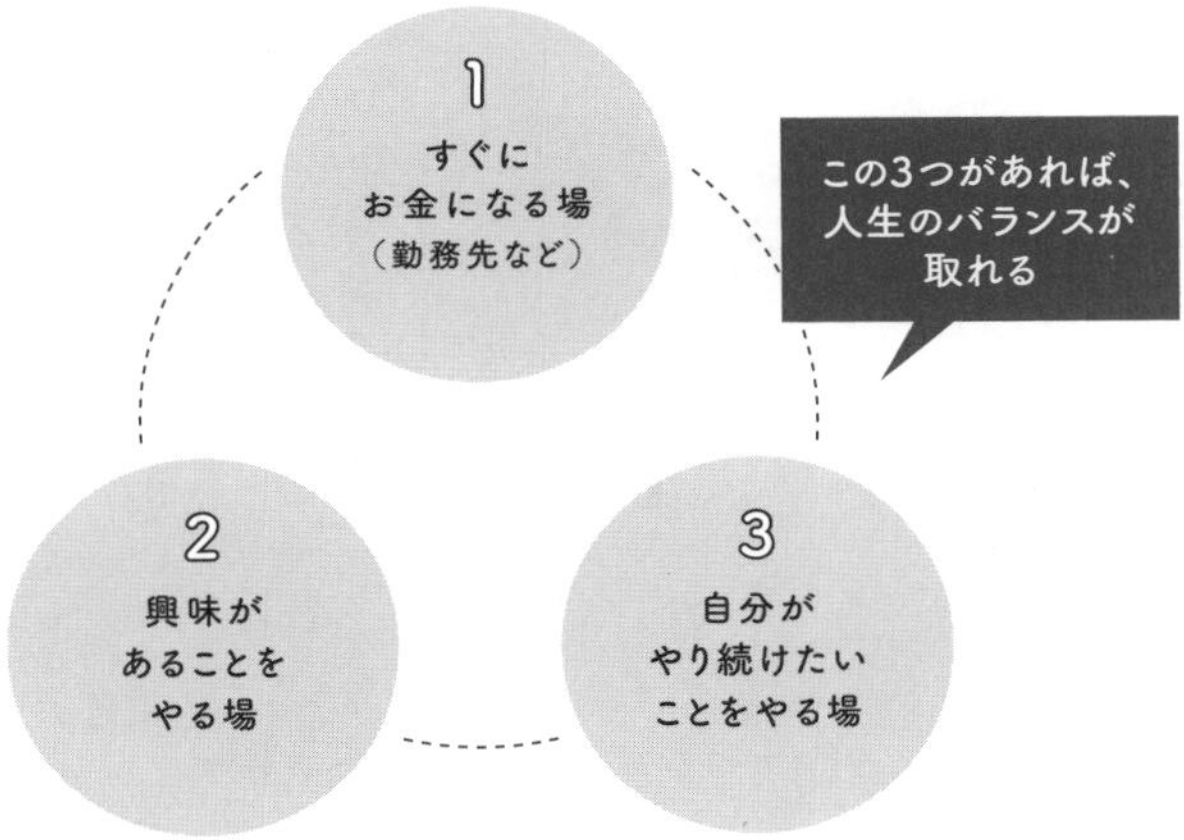
1
すぐに
お金になる場
（勤務先など）
この3つがあれば、
人生のバランスが
取れる
2
興味が
あることを
やる場
3
自分が
やり続けたい
ことをやる場

紫乃ママ　笑。ストイックなのね。**でも、仕事が100％になり過ぎると、知らないうちに周りにもそれを求めてしまうことがあるからよくないのよ。**「あの先輩、『圧』強いわー」とか言われちゃうかもよ。無理に女子っぽい新しい趣味をつくろうとしなくても、仕事に関連する夢中になれることを探すのでもいいんじゃない？ 財務の勉強会を自分で主催してみるとか。

　私の持論だけど、私たち40代、50代は「3つの場」があるとバランスがいいと思う。まず今の会社が「すぐお金になる1つ目の場」だとしたら、2つ目は、すぐにはお金にならないけどいつかお金になるかもしれない「興味があることをやる場」、ボランティアとか起業してる人の手伝いとかかな。

そして3つ目は「一生お金にならなくても自分がやり続けたいことをやる場」。趣味のコミュニティーなんかはここに入ると思う。3つあれば「お金にはならない」と思ってやっていたことが、案外何かに役立つこともあるし。そこでの人間関係が何か思いがけない役に立つこともある。

友美　それはいいですね。何かの勉強会を主催することも考えてみます。旅行やカメラも好きですし。

紫乃ママ　友美さんは今、45歳でしょ。あと2、3年は今の馬力でお仕事できるだろうけど、だんだん体力も落ちてくる。人をガンガン巻き込んで仕事のやり方を変える時期かもしれないわね。

友美　本当にそうですね！課題が見えて、モヤモヤがスッキリしました。

After Session

「被害妄想倶楽部」からの脱却を

ほら、周りにいない？　できない部下や上司のフォローに追われ、「なんで私ばかり」と被害妄想を募らせていつもイライラしてる――そんな「被害妄想倶楽部」の会員になっている女性。真面目で仕事ができるからこそハマっちゃう罠《わな》。相談者の友美さんも、まさにそう。他部署までフォローして頑張っているのに、報われなくて。ずっと縁の下の力持ちで、消耗しちゃうのよね。**じゃあ被害妄想倶楽部から脱却するためにはどうしたらいいか。**

まず、あなたがフォローしていることをきちんと周りに知らせることが基本。

くれぐれもこっそりやらない。こっそりやるのは社内恋愛ぐらいにして、仕事はこっそりやっちゃダメ。「Aさんがオーバーフローだったので、今回は私がこのように処理しました」と事実を周りにちゃんと伝える。伝える、伝える、伝える。「どうせ分かってくれないから」って諦めたらそこで試合終了です。

そして大事なポイントはここ「感情的にならない」。バンバン書類たたきつけたりしながらとか、メンチ切りながらとか、はぁ〜っていかにもなため息つきながらとか、そういうのはNG。ここはマジで重要。相手が誰であろうと、**仕事においても「イライラした面倒臭い奴」だと思われると対等に向き合ってもらえなくなる**。あくまでクールに客観的に状況を伝えて、あなたが仕事をフォローした、という爪痕を残し、ボディブローを効かせる。

被害妄想倶楽部の女性は得てしてアピール下手が多いと思うんです。頑張って人のフォローをして、ずっと我慢に我慢を重ねて、ある時「もう〜こんなに私が頑張ってやっているのに！」と突然キレたりする。

そもそも、どんなに優秀な上司でも、部下全員の仕事を隅々まで見ていないし、見られない。「きっと見ていてくれるはず」なんていう希望的観測は捨てて、やったことはしっかりと、こちらからこまめに報告するんですよ。困ったときも、上司に「なんとかしてください」と恨み節で訴えるのではなく、「今、こういう状況で問題が起きています。一緒に考えてもらえませんか」と協業モードで持ちかけてみる。だって仕事って一人で引き受けているわけじゃないでしょう？ チームワークであるべきなんだから、加害者と被害者になったら進まなくなる。

相手に「貸し」をつくるコミュニケーションを取る

アピールのバリエーションを増やしておくことも大事。例えば、相手が無理な要求を押し付けてきたとき。「私の仕事じゃないからやりません！」と断るのは甘い。「こいつやる気ないな」って印象与えるだけだから。でも黙って受け入れちゃうと、被害妄想倶楽部から脱退できない。

ここでの最善策は、**相手にきちんと「貸し」をつくるコミュニケーションを取ること**。多くの場合、相手も「(人に)無理を言っている」ことは分かってんのよ。確信犯なの。でも「あわよくばやってくれないかな」って思ってる。だから、「これ、もともとはあんたの仕事だよね? でもね、仕方がない状況だから私が受けてあげたんだよ、分かってるよね? あん?」っていう事実を、まろやかなコミュニケーションの中でくぎを刺しておく。

例えば「やっときましたけど、私の業務外の仕事なので最終チェックは絶対にお願いしますね」とか「今度は私が困ったときにフォローをお願いします」あるいはダイレクトに「じゃあ貸しイチってことで」とか。**相手に優しく、でも強力に「恩を売る力」。ぜひ磨いてほしい**。そして周りにも貸しがあることを見せびらかしておく。これは被害妄想倶楽部から脱して、ステップアップするためのテクニックの一つ。どんな仕事でもある種の「貸し借り」があるじゃない? うまく出世する女性はこの技術が高い。被害妄想倶楽部の最悪パターンは、負のスパイラルに陥ること。「なんで私ばかり……」と抱え込んで、誰にも言わずに自分で自分の機嫌を悪くしていると、イライラオーラを発して周りからも敬遠され、いい仕事が回ってこなくなる。

そして最も大事なのは、**やっぱり自分の時間は自分が管理する大事な財産だと認識すること**。人をフォローするときはあくまで「自分が納得してできる範囲」にとどめておく。自分が機嫌よく仕事ができるキャパシティーをきちんと理解することです。仕事の質を上げ、生活の質を上げるためにね。

紫乃ママ's金言

被害者意識を捨てて会社や上司に優しく、でも強力に「恩を売る力」を磨こう

「スナックひきだし」

紫乃ママが誕生するまで ❸

P50の続き

丁寧に話を聞いてくれた転職エージェントの女性に、「あなたの売りは『速習力』、quick learnerでいきましょう」と優しく言われて目からウロコが2000枚ほど落ちた私。「そうか、何も専門性がないと思っていたけれど、私はquick learnerなのか。一貫性なく転々としている人って、言い換えれば、新しいことでもなんとかちゃちゃっと学んで、そこそこはやれる人ってことなのか!」と感激。

彼女にそう言ってもらうまでは、こんな能天気な私でも、正直、さすがに40歳近くなって、なんのキャリアの軸もない自分、もうまともな仕事には就けないだろうと諦めていた部分もありました。でもそんな私に、彼女は私とは違う目線で見た私の「強み」「持ち味」を教えてくれたのでした。

そして私は、彼女にもらった「quick learner」という自己アピールをひっさげて、40代を前にして、初めて知人からの紹介ではない面接を受けて、全く経験がなかった企業研修を設計する人材育成会社に入ることになりました。そこから10年、その仕事が楽しくて、それがようやく一番続いた会社員生活となりました。

私はそれまでも「仕事をすること」は嫌いではなかったけれど、飽きたら辞める、嫌になったら辞める。つまり「適当に」仕事をしていました。キャリアって積み重なるものだって思っていなかった。でもその10年で初めて私は仕事や会社というものを「自分を成長させることができる機会」「成長しながら自分の持ち味を生かせる箱」と、ようやく捉えられるようになりました。普通の人とは逆かもしれない。この会社が成長期だったこともあり、会社が大きくなるとともに自分も管理職にしてもらってさらに成長の機会をいただきました。

成長するということは視野や視座が変わるということ。45歳になった時には昔は考えもしなかった大学院に入学し、47歳でもっと考えもしなかった起業をしました。え、勤めていた会社はどうしたって？　まあそれまでにもいろいろ辞めてきているので、同じようにひょいっと辞めました。でも今までと違ったのは、やってみたいことが見つかったこと。

大げさかもしれませんが、15年前、あの転職エージェントの彼女に私の可能性を引き出してもらえたことが生き方の方向を変えたのです。実はそれ以降、その方にはお会いしていないし、連絡もとっていません。名前も定かじゃない(笑)。でもあの時のあの言葉はいまだに私を鼓舞し、凹んだときに励ましてくれます。あれから15年近くたった今でさえも。

一方で直近10年間、企業研修の仕事を通して、大手企業の立派な社員の方たちにたくさんお会いしました。みなさん素晴らしい方ばかりだった。でも中には、大きな組織の中で、自分が何者かを見失い鬱々としている人、周りと合わずに自分を押し殺している人、そんな人にも多く出会いました。

その時、彼女とのことを思い出したのです。私は私自身に何か専門性や軸があるわけではないけれど、彼女のように、他人の素敵だと思うところや持ち味を見いだすこと、引き出すことはできるんじゃないか、と。ほら、自分のことは分からないけど他人のことならよく分かるじゃないですか。転職や結婚を繰り返して、さまざまな人と関わってきた私だからこそ、サンプルはたくさんあると。そんなふうに人の背中を押したいなあ、と。

そんな思いで「ヒキダシ」という会社を立ち上げました。そして、企業研修やコーチングなどの真面目な場で人の強みや持ち味を引き出すとともに、もっと、自由な場で、しかも私だけでなく、いろいろな人たちで引き出し合うことができないかと考えて思い付いたのが「スナック」でした。でも本物のスナックを始める勇気はなかったので、お昼、しかも週1日だけ。「スナックひきだし」、昼スナの紫乃ママはこうして生まれました。

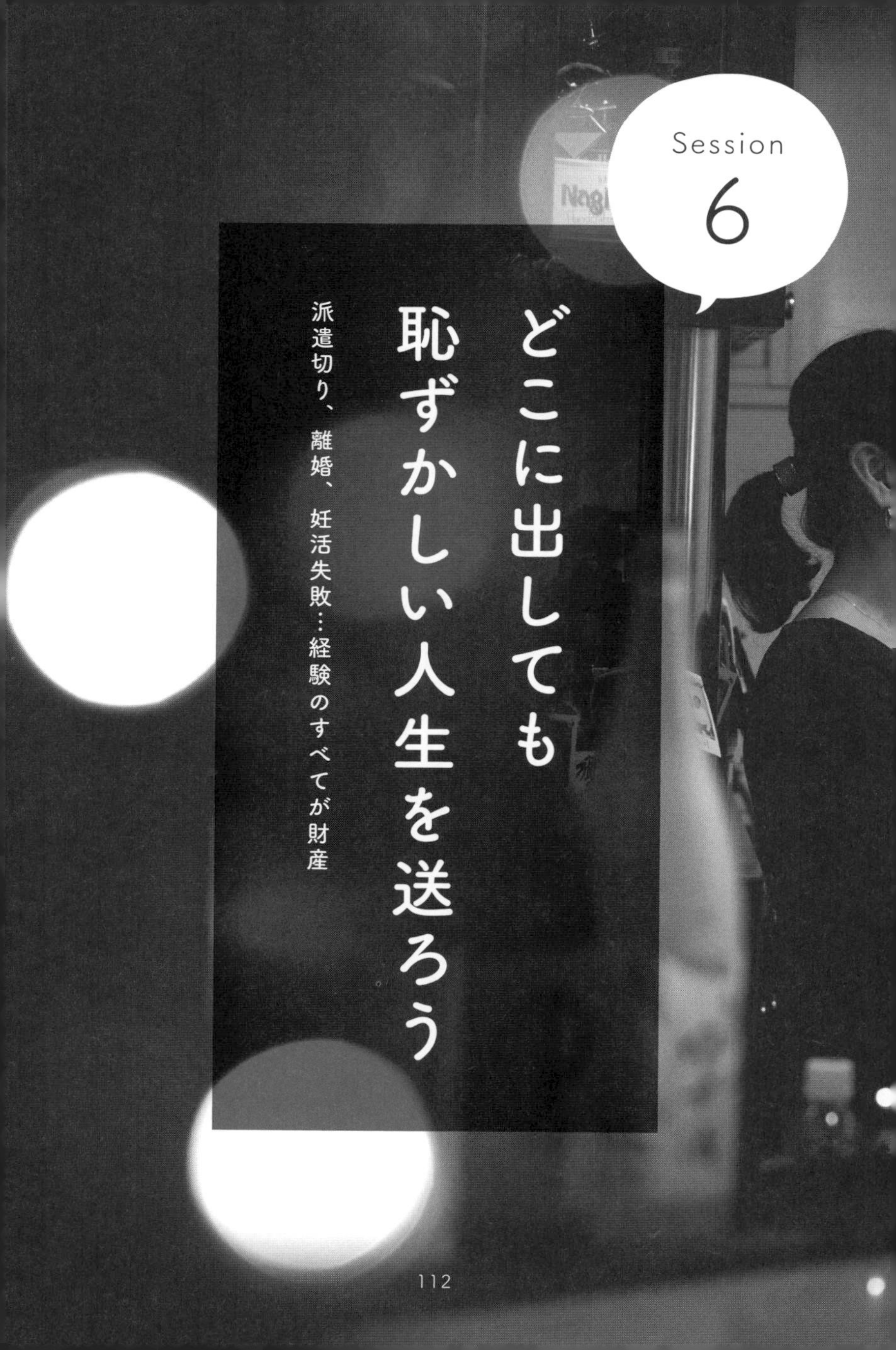

Session 6

どこに出しても恥ずかしい人生を送ろう

派遣切り、離婚、妊活失敗…経験のすべてが財産

来店客6

自分の存在価値が見いだせない一般職47歳

西内由香さん（仮名、47歳、既婚）
大学卒業時は就職氷河期で小さな商社に就職。27歳で結婚退職後は派遣社員として働き、32歳で離婚して実家に。親からの縁談攻撃に耐え切れず一人暮らしを始めるも、リーマン・ショックで派遣切りに遭う。アルバイトをしていた37歳の時、10歳年下の夫と出会って結婚。派遣社員として入社した大手金融で、奇跡的に正社員に登用されて勤続10年目。事務職でスポットが当たることもなく、1000万円かけた妊活にも失敗。キャリアも子どももない人生にむなしさを感じます。

紫乃ママ　いらっしゃい。何、飲みます？

由香　最近すっかり弱くて……。ジンジャーエールをお願いします。今日は紫乃ママさんに相談したいことがあって。

紫乃ママ　紫乃ママ「さん」はやめてください（笑）。どうしたんですか？

由香　**一般事務職のアラフィフって、この先、どうやってキャリアを積めばいいんでしょうか？**

若手とキャリアを積んだミドル・シニアのはざまで…

由香　今の大手金融では、若い世代か、順調にキャリアを積んできたミドル・シニアにしか日が当たらなくて。その谷間にいる私のような40代後半、一般職にはなんのチャンスもない。ただ時間をお金に換えているだけの毎日です。**会社の中での立ち位置が末端過ぎて、どこに存在価値を見いだせばいいのか……。**

紫乃ママ　由香さんは新卒からずっと金融畑なの？

由香　いいえ、全然。私が卒業した時は就職氷河期で、最初に入ったのは小さな商社でした。ワンマン社長のブラック企業で雇用保険もないレベル。勉強を頑張ってなんとかW大に入ったのに文学部卒ではキャリア職も狭き門で、スタートでつまずいた感はありましたね。

紫乃ママ　うんうん、そういう時代だった。生まれた年がちょっと違うだけで社会人スタートの天国と地獄が分かれるってほんとに理不尽よね。

由香　ブラック企業で体調を崩して27歳で結婚して会社を辞めたんです。この苦境から救ってくれるなら、結婚相手は誰でもいいって感じでしたね。

紫乃ママ　そう思ってすぐ結婚できるなんてすごいじゃない。**結婚なんてセーフティーネットの一つだもの。**よかったよかった。

由香　それが……私の母がいわゆる毒親で。結婚後もいろいろ介入してきて、夫が子会社に転属させられたら夫へのダメ出しが激しくなり、関係がギクシャクしてしまったんです。夫と親の板挟みになって、結局32歳で離婚しました。

紫乃ママ　あらら。その時、仕事はどうしていたの？

由香　子どももいなかったので結婚2年目からは派遣社員として働いていました。でも、派遣の収入だけでは苦しくて実家に出戻ったんです。そしたら今度は母から「出戻りなんて近所に恥ずかしい」と攻撃されて。

紫乃ママ　離婚原因の一つも、もとはといえばお母さんにあるのにね。離婚が恥ずかしいなんて、時代錯誤も甚だしい。恥ずかしくて悪かったですね、とバツ2の紫乃ママは小さく叫びたいわ、まじで。

由香　そして今度は、山ほど見合い話を持ってこられて。最初は我慢していたんですけど、私の中で何かがプチンとキレたんです。36歳の時、実家を飛び出してギリギリの家賃で一人暮らしを始めました。もう**この親に関わっていたら「一生自分の人生を生きられない」と思って**。ところが家を出て半年後にリーマン・ショックで派遣切りに。同じ会社で3年も働いていたので、そんなに急に切られるとは思ってなかったんですけど。

紫乃ママ　うわ、一難去ってまた一難。それでそれで？

37歳で派遣から正社員に。妊活もスタート

由香　取りあえず失業保険をもらいながら、単発でアルバイトを始めました。婚活ライターなんていうちょっと不思議な仕事もやりました。婚活を取材しに行くんですよ。でもその取材で出会った10歳年下の男性が、なぜか私の家に転がり込んできて付き合うことになったんです。結局、その彼と再婚。彼に「ちゃんと働いたほうがいい」と勧められて37歳で再び派遣社員として働き始めたんですよね。10歳年上の女性の家に転がり込んできた人に「ちゃんと」と言われても、とは思

いましたけどね（笑）。

紫乃ママ　……すごい、怒涛の展開。まあとりあえずいい夫を見つけたわね。でも派遣社員からどうやって正社員になったの？

由香　夫から「派遣は不利な働き方だから正社員にしてもらえ」と勧められて。ダメ元で頼んでみたら、人事の方がきちんと話を聞いてくれてなぜか正社員になれたんですよ。

紫乃ママ　大手金融機関にダメ元で頼む……（笑）。そんな大胆なことを勧めてくれるなんていい夫だ。由香さん、めちゃめちゃ運がいい。

由香　だんだん生活が安定してきたら、もっとキャリアを積みたいと思うようになってきて。ただ、もともと経済のリテラシーが高いわけではないし、他の人に比べて経験もない。それで**40歳から妊活を始めたんですよね。**

紫乃ママ　そういう展開かぁ。妊活って、大変なのよね。

5年で1000万円、それでも子を授からず絶望…

由香　ボーナスはほぼ妊活に消えました。5年間で1000万円くらいかけて、かなり高度な治療もしたんですけどダメで。やれることはすべてやったけどダメだったという絶望感。しかも、人より早く更年期がきたみたいで。体調が悪くなり、これ以上妊活していたら自分が壊れるなと思ったので45歳で諦めました。

それで、自分のことを冷静に振り返ったとき、**積み上げたキャリアもないし、プライベートでは子どももいない。どっちもない。**これからどうしたらいいんだろうって急にむなしくなってしまって。

紫乃ママ　ねえ由香さん、由香さんはちゃんと階段を上がっていらっしゃいますよ。人生全体でステップアップしてるじゃない。無職の時代もあったり、波瀾万丈《はらんばんじょう》だったりするけど、ちゃんといいタイミングで自分で決めて行動を起こしている。コップの水があふれたら次のもう少し大きいコップに替えるみたいに、さまざまな経験を積んで、人として確実に成長していると思いますよ。

仕事のプレッシャー＆子育てストレスなしを好機と考える

紫乃ママ　仕事は一般職、妊活に失敗で人生にむなしさを感じるって言うけど、逆から見たら、自由になる時間はたくさんある。その時間を使って、これからなんでもできますよ。それってすごいアドバンテージだし、時間って一番の財産よ。同世代の多くの人は、仕事の責任が重くなるプレッシャーや子育てに振り回されてストレスが強い時期。きちんとした仕事もあって、家庭もあって、でもそこから解放されているなんて。新しいことを始めるめっちゃいい機会ですよ。

セッション5で説明した3つの場を意識して。由香さんは1つ目の「すぐにお金になる場」は大手企業で確保されているから残り2つよね。

由香　私の場合、趣味はスポーツ観戦。3つ目の「一生お金にならなくても自分がやり続けたいことをやる場」はあるから、今はお金にならないけどいつかお金になるかもしれない「興味があることをやる場」が必要ですね……。

経験は財産。「自分の経験をネタ化」する

紫乃ママ　ぶっちゃけ、それだけいろいろな経験を積んでいるなんて羨ましい。10歳年下が転がり込んでくる人生なんて最高。私の夫は5歳下だけど、私が転がり込んだほうだから（笑）。人に語れるネタ満載じゃない。

私自身の、最近のキャッチフレーズは「どこに出しても恥ずかしい人生」なの。私と一緒に自分の経験を語っていきましょうよ。私たち世代の存在意義ってそういうところにもあると思う。今どきの若い子たちって「正しく生きなきゃいけな

い」と思ってがんじがらめになっているでしょ。**上の世代が、いわゆる社会の「べき論」的な枠から離れて自由に「恥ずかしい」人生を楽しんでいることで、後輩世代の彼女らが「あ、そういうのもありなんだ」って楽になれる。**

由香　そういえば会社の飲み会で、後輩たちに夫との出会いを話したら「希望が持てます！」って喜ばれました。

紫乃ママ　その幸せをもっとかみしめるべき。私も45歳で入った大学院で20代の同級生に「紫乃さんを見ていたら、こんなにテキトーでも40代は楽しくやれるんだと思いました」と明るく言われたよ。

仕事だって「飛び級」で正社員になれたんだからものすごくラッキー。チャンスは突然やって来るものだから焦らないで、それを受け止められるよう土壌だけつくっておけばいい。

由香　そうですね。母から「早く孫の顔見せろ」と攻撃も受けたし、妊活がうまくいかなくてつらいとしか思えなかったけど、今から子どもがいて子育てをするのは大変だったかも。

紫乃ママ　妊活って、やめるタイミングが難しくて悩んでいる人も多いですよ。由香さんがそういう人たちに伝えられることもある。つらいこともいっぱい経験しているんだから、それはきっと財産なんです。

単調で単線の人生は変化に弱い。若い時のあらゆる経験は由香さんの今を創る糧になっているはず。**だからこそそれを昇華させて、自分の経験をネタ化するのは大事。**物事には常にいくつもの側面がある。「私にはキャリアがない、子どもがいない」と、自分が持てるかもしれなかったものばかりを考えて後悔するより、手に入れたものに着目したほうがいい。

由香　そういえば「自分にないもの」を探してしまうクセがあるかも。

自分の「レジリエンス」に着目してみる

紫乃ママ　頑張り屋さんの女性はみんなそう。**人生は恥ずかしければ恥ずかしいほど、価値が高い！**　就職氷河期、ブラック企業、派遣切り、毒親、離婚、妊活失敗……由香さんは時代の先端を行く、価値ある「経験の問屋」ですよ。まさに、「時代と寝た女」。フレーズが昭和で、これまた恥ずかしい。

由香　自分ではもう少し賢く生きればよかったと思いますが、意外と私の人生は時代とリンクしているかも（笑）。

紫乃ママ　そうそう。すべての局面で結局は挫折から立ち直っているんだから。そういう伝道者になっていく役割を考えてみたら？　**自分を笑い飛ばせる力ってすごい大事なのよ**。レジリエンスですよ。落ちてもまた上がるチャンスを捕まえる、ドラクエ風に言うと由香さんなりの「復活の呪文」があるのよ。そういうのを一度、自分で整理してみるといいと思う。

由香　確かに10年ぶりに会った友達には「ゾンビみたい」と言われました……。**夫にも「歩く黒歴史」って言われます。**

キャリアは仕事だけじゃない！ 人生の軌跡がキャリア

紫乃ママ　仕事のキャリアを積みたいっておっしゃったけど、仕事なんてさ、結局は人生のほんの一部。積みたい人に積ませておけばいいのよ。そんなものよりも、由香さんにはなかなか人が経験できない、いろいろなものが積み上がっていますよ。**自分の人生の経験にちゃんと意味づけをして見方を変えてみたら？**

由香　どうしても勉強や仕事の成果だけが大事なファクターだと思いがちで、雑誌に出るようなキラキラしたキャリアに憧れてしまいます。

紫乃ママ　**キャリアって仕事のことだと矮小化《わいしょうか》しがちですけど、もともとの語源**

は「馬車の轍《わだち》」のこと。人が生きてきた軌跡のすべてがキャリアなの。仕事だけでなく、彩りが多いほうが絶対に楽しい人生ですよ。仕事でのステップアップだけにこだわらず、仕事以外のことでも自分がチャレンジしてみたいことを探せばきっと見つかる。自分の直感でトライしてみて。そうすれば仕事も肩の力が抜けていい方向にいくと思う。

由香　確かに会社に期待し過ぎるのはよくないですよね。とりあえず黒歴史をまとめて発信してみようかな。自分の新しい場所を探してみます。

After Session

どこに出しても恥ずかしい人生を送ろう

「どこに出しても恥ずかしくない経歴」という言葉がある。一般的には褒め言葉。でもそれって裏返して言えば、今まで傷つかず、なんの挫折もない、言うなればツルツルの人生。それ、羨ましい？

40代、50代にもなれば、人生山あり谷あり、あなたも私もいろいろな経験をしてきたはずです。何もかも成功していて、一つの挫折もなかった人なんて実際はまれだと思う。本当はみんな傷だらけなのよ。**私は、その傷を傷のままで抱え込んで、蓋をしてしまうのってもったいないと思うのよ。**私たち世代は「どこ

に出しても恥ずかしい人生」でいいんです。

これまでの人生で重ねてきた失敗や挫折には、自分でやらかしちゃったこともあれば、時代や環境とか、自分ではどうしようもなかったこともあると思う。でも、全部ひっくるめて自分をつくってきた一部として受け入れる。就職氷河期、ブラック企業、離婚、派遣切り……と、相談者の由香さんは自分でも「歩く黒歴史」と言うぐらい、さまざまな壁や穴、トラップに満ちた人生だけど、長く生きていれば、誰だって種類は違ったとしても自分なりの「黒歴史」はある。

「どこに出しても恥ずかしい人生」を人に語れるようになるということは、ネガティブな過去も自分の中できちんと昇華して、「ネタ化」ができているってこと。人によってはつらいことかもしれない。でも、失敗をネタにできたほうがずっとこれからが生きやすくなる。だってそういうふうに思考を変えられたら、ここからぶつかる壁や穴にも「うわ、きたきた。これもいつかはネタになる」って思えるじゃない。人生はきっと死ぬまで壁だらけ、穴だらけよ、私たち。

物事には見方っていうのがあってね、時間がたった過去の失敗や挫折は、「経験」と捉えられたらいいのよ。ほら、たくさんの失敗（＝経験）を乗り越えてきた人のほうが、何も苦労せず順風満帆に生きてきた人より、幅があるし、人の痛みだって分かるし、魅力的じゃない？ ドラクエだって経験値が上がらないとラスボスを倒せない。

失敗を乗り越えれば、誰かのロールモデルになれる

ただ、人によって体力が違うように、心の強さ弱さも違う。人によって過去を昇華する、つまり「ネタ化」できるようになる時間は違うかもしれない。だから焦らなくていいと思う。ゆっくりネタ化して、自己開示できるようになれば、自分より若い世代に対しても「こんなに失敗したのに楽しく生きてますけど何か？」というロールモデルになれる。同じ失敗をした相手に共感することもできる。**あなたの「恥ずかしい人生」は、誰かの背中を押すかもしれないのよ。**

ほら、考えてもみてよ、人の成功話ほどつまらないものはないでしょ。むしろ「えー、この人でも『やらかしちゃった』があるんだ」という人にこそ興味が湧かない？　ちなみに私は、聞かれてもいないのにプロフィールに「バツ2」とか結婚3回って書いてる。それを書くだけで、コミュニケーションのハードルが下がるのよね。研修講師やコーチングなんて仕事をしていると、「なんかすごい人」のように見られやすいんだけど、「いやいや、失敗だらけの人生です」というところからスタートしたほうが、同じ目線で本音で話すためにはうまくいくことが多い。

この世代になると、「いい歳なんだからちゃんとしなくちゃ」と考える層と、「いい歳なんだからもっと好きにやろう」と考える層に二極化している感じがする。「もう恥をかきたくない」「これ以上人から突っ込まれたくない」なんて傷つかないようガードを固めて、やりたいことに挑戦しなくなるのは何度も言うけどもったいない。自分の人生なんだから、成功が約束されていなくても、やりたいことはやったほうがいい。

私たち世代は、残された時間が着実に短くなっているのよ。やってみてうまくいけばラッキーだし、失敗したら「ネタが増えた」「これは来世へ持ち越し案件ね」って思えばいいのよ。結局はアクションを起こした人が勝ち。失敗も成功も挫折も全部ひっくるめて経験がいっぱいある人生のほうが、紫乃ママ的な価値観では「豊かな人生」だと思う。

紫乃ママ's金言

あなたの「恥ずかしい人生」が、誰かの背中を押すかもしれない

Column

1

50歳になったらスナックのママになろう①

紫乃ママ的「サードプレイス」論

今、世間は「サードプレイス」はやり。でも「サードプレイス」って意識高い系臭がぷんぷん漂う言葉。あんまり好きじゃないのよね。PTAだってマンションの管理組合だって習い事だって、言ってみりゃ立派なサードプレイスなのにね。

習い事といえば、「習い事を始める」が趣味の私は、自慢じゃないけどこれまでに50種類くらいの習い事をやってきた。お花、お茶、フラメンコ、フラダンスあたりの女性に定番の習い事は当然のこと、朗読、ジャズボーカル、合気柔術まで。ぜーんぶ経験済み。でもって、見事に全部続いてないけどね。本当、男も仕事も、おまけに習い事も飽きっぽい、あはは。

ここ2年くらいは中国の楽器・二胡《にこ》なんていう超マイナー楽器を習っていて、20万円もする楽器を分割払いでうっかり買っちゃった。でも、全然練習しないから万年ド下手で。下手過ぎて恥ずかしいから、二胡教室ではすごーくおとなしいキャラを演じてた。ランチ会とかで「木下さん（紫乃ママの名字）て物静かな方よね」って言われていたほど。

「場によって違う自分」が複数いるといい

口から先に生まれてきたような私が「物静かな人」って詐欺だよね。でも、教室のみんなとＬＩＮＥで連絡先を交換することになってさあ、私のアイコン写真の名前が「紫乃ママ」、コメントが「スナックひきだし開店中」ってのを見られて。そしたら「え？ 木下さん……もしかしてスナックやっていらっしゃるの？」ってどよめきが走って。「いや、あの、ちょっと、はい……」ってこっちもしどろもどろ。で、おとなしめキャラは崩壊してさらに謎は深まるばかり。結局、練習する時間も取れなかったので、2年でやめちゃった。まあ続いたほうです。多分みんなには「練習についていけなくてやめた、物静かな謎の中年スナックママ」だと思われていたと思う。

えっと、何が言いたいかというと、まあ私の場合はやめちゃったけど、そうやって家庭や仕事の場での自分と全く違うキャラを演じるのって面白いじゃない？ そういうことができる場こそ、まさにサードプレイスだと思うのよ。**本来、人間って多面的なもので、「いろんな自分」を持っているはずでさ、それを発揮できる場を持つことが人生を豊かにしていくんじゃないかと思うのよ。**

人との出会い、異なる領域とのつながりはチャンスの入り口。そこから何が飛び込んでくるか分からない。人間はどんな人でも、いろんな自分を持っているけど、それもずっと同じ場所にいると気付かないものなのよね。

「自分ダイバーシティ」の勧め

これ、企業でキャリア研修をやるときには「自分の中の多様性を生かそう」という、ちゃんとした風なメッセージで伝えてる。「自分ダイバーシティの勧め」よ。最近、よく「ダイバーシティ」って言葉を聞くじゃない？　でもそれは特定の組織の所属員の多様性のことを言っていることが多い。もちろん、それはとても大事なこと。でも、私は、そもそも一人の人間の中にも多面的な要素があると思っているの。**自分の多面性を発見して、生かすことが、自分の可能性を広げることにつながる。**居場所を替えることで自分の中に眠る別の面、多面性を発掘することができると考えているのよね。そう考えると自分の居場所が一つだけだと不十分じゃない？

「私は意外にこれが苦手なんだ」「これが得意なんだ」。こういうことは、居場所を替えることで発見できる。さっきの私の二胡教室の例のように、キャラだって替えられるんだから、いろんな自分の演じ方、行動にチャレンジできるのよ。

居場所が増えれば増えるほど、自分の役割も多岐にわたる。この場では教える自分だけど、こちらの場では教えてもらう自分、ここでは助ける自分、あそこでは助けられる自分、とかね……。こういう自分の発掘は、職場だけでは難しいでしょう。私は、サードプレイスに関しては、「3つの場所に分類」して考えることをお勧めしているの。セッション5でも少し言ったけど少し、より詳しく説明しますね。

サードプレイスをさらに分解してみると…

まず今の会社が「与えられた義務を果たす1つ目の場」だとしたら、2つ目は、すぐにはお金にならないけど、興味があるし、いつか副業や次の仕事になるかもしれない「興味のあること、役に立てることをやる場」。非営利団体のプロボノ

多様な「私」を発掘するために必要な3つの場所

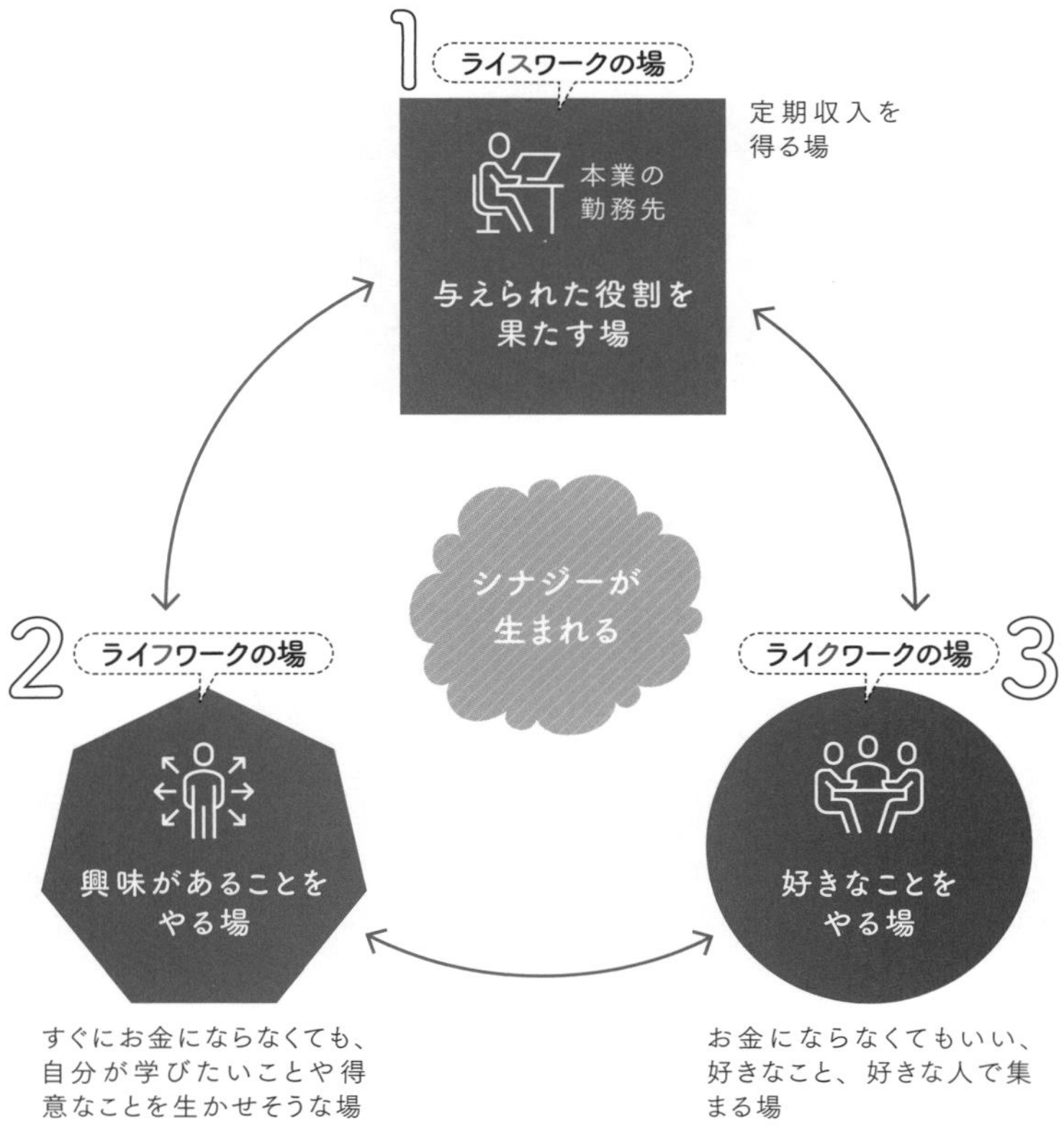

をやるとか、起業した友達の手伝いとか、PTAとかだってここに入るかもしれない。そういうやつ。そして3つ目は「一生お金にならなくても、好きで自分がやり続けたいことをやる場」。習い事や趣味のコミュニティーなんかはここに入ると思う。私たち世代は、この3つの場があれば、人生のバランスが取れると思う。**1つ目は「ライスワークの場」、2つ目は「ライフワークの場」、3つ目は「ライクワークの場」とでも呼びますか。**

場を「ありがとう」ベースで考える

この3つの場は「ありがとう」をベースで考えると分かりやすい。**1つ目の場は基本的には、「ありがとう」を言ってもらえる場面は少ない。**「ありがとう」はお金（給料）で還元されるものだから。

2つ目の場は「ありがとう」を言葉としてもらうことが多くなる場。今、自分が持っているスキルや知恵を「ありがとう」という言葉に替えられるかもしれない場だよね。会社ではできて当たり前のことでも、例えばプロボノの場では「え、紫乃ママってこんなことできるんだ、すごい、ありがとう」と言われたりする。「こんなことでありがとうって言われるんだ」って気付けることが、2つ目の場の一番の効用かもしれない。それに、最初は「ありがとう」だけでも、それが交通費の支給になり、やがてきちんとした額の謝礼になって、最後は「一緒にこの仕事やりませんか?」という形で返ってくる可能性もある。

3つ目の場は、自分から「ありがとう」を言うことが多い場。「教えてくれてありがとう」「助けてくれてありがとう」とかね。若い人や、うんと年上の人からも、いろいろ学べる機会が持てる、そんな場ですよ。「ありがとう」をベースに、今、自分が持っている場を整理してみるのも一つの手ね。

かっこいいシェアスペースとかじゃなくても、**家での私、職場での私……それ以外の私が出せる場所は、もうサードプレイス。「場所」そのものじゃなくて自分のありよう。**大事なのは母でもない、妻でもない、課長でも部長でもな

3つの場所を
「ありがとう」をベースに考える

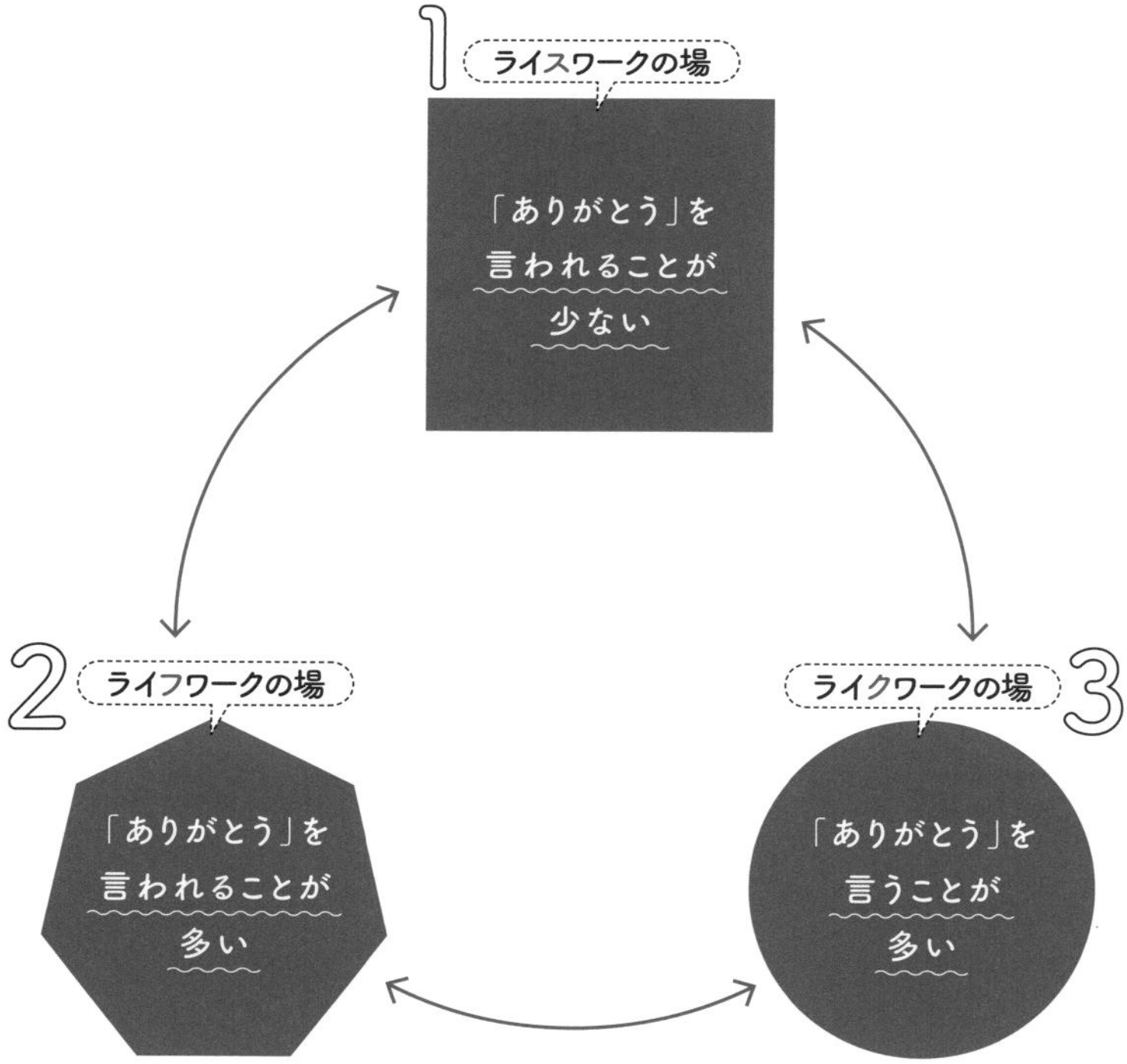

い私が発揮できる場。多様な場で多様な自分を持つことは人生をさらに豊かにすると思うんです。さらに、私がお勧めしているのは、もう一歩踏み出して、場の主催者になってみること。場を自分で企画すると、お得なことがたくさんある。私が「50歳を過ぎたらみんな昼スナックのママになろうよ」って言う理由はこれ。詳しくは「紫乃ママ的ニューノーマル論」（P180）でね。

これからサードプレイスを見つけるには…

サードプレイスを「自分から」どう見つければいいのか分からない人は、まずは購読しているメディア主宰のイベントや、SNSで流れてくるイベントで興味があるものに出てみたり、イベントアプリを活用したり。ほら、今はいっぱいあるじゃない。新型コロナウイルス禍でオンラインのイベントも増えたしね。

気軽にそこに参加してみるのが第一歩。**そして「話を聞いて終わり」じゃなくて、参加している人と一人でもいいから知り合いになってみる。**今はFacebook

やＬＩＮＥとかもあるからつながりやすいじゃない。ＳＮＳの力って重要で、名刺交換してもわざわざメールってしづらいけど、ＳＮＳなら「先日イベントでお会いした木下です」とつながりやすい。その後、今度こんなイベントに一緒に参加しませんか、と誘ってみるとか。**SNSは「会社の同僚以上、友達未満」みたいな関係がつくりやすいツールよ。**いい時代になったもんだ。

せっかく貴重な時間を割いてイベントに参加するんだから、元は取らなきゃ。イベントそのものからの情報だけじゃなくて、参加者で「この人面白そう」っていう人とつながる、**縁をお持ち帰りするのをもう一つの目的にしてみるといいじゃない。**オフラインでもオンラインでも付き合いを広げていくことが、将来的な自分基点のサードプレイスにつながっていくんじゃないかと思います。

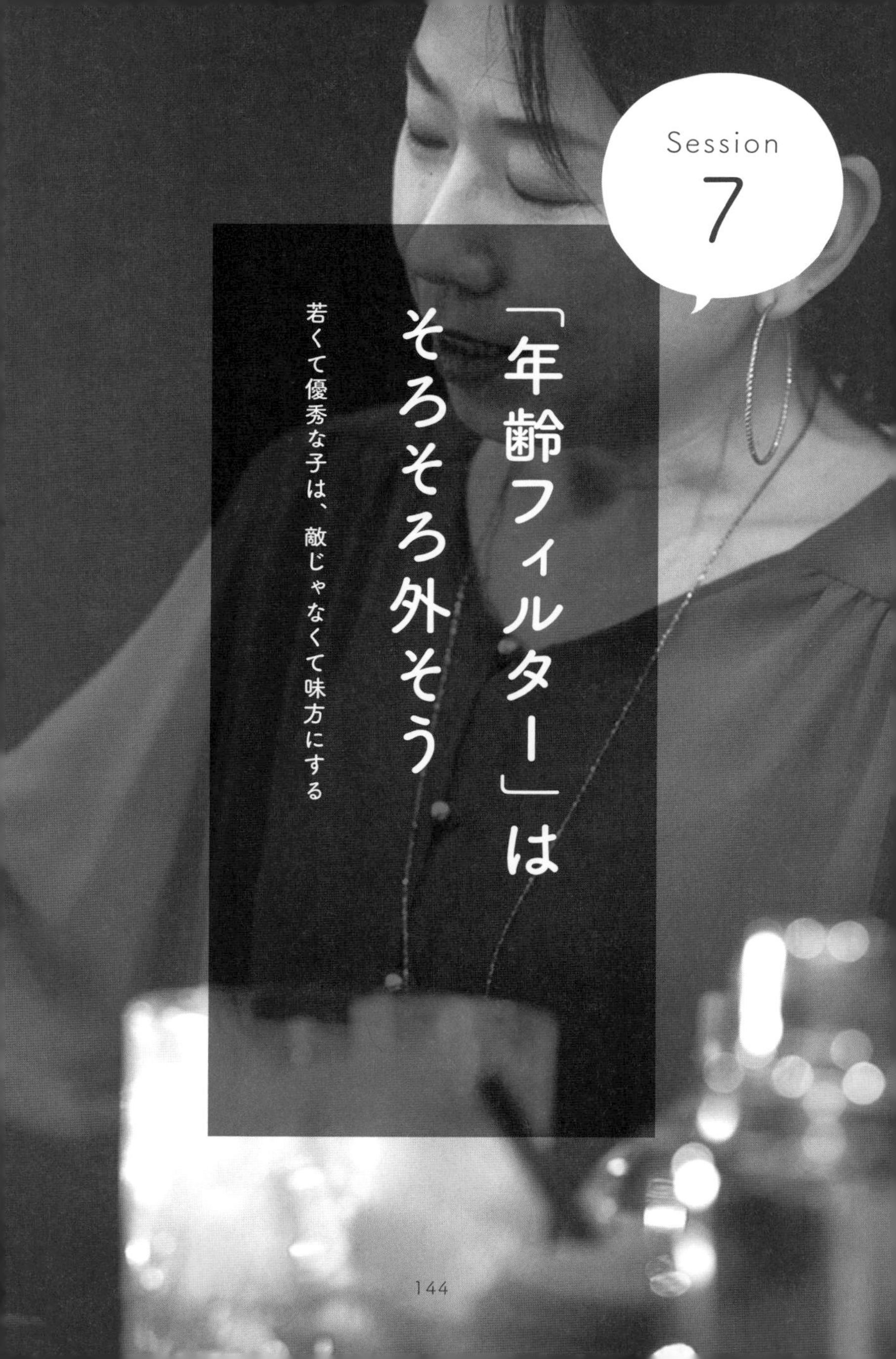

Session 7

「年齢フィルター」はそろそろ外そう

若くて優秀な子は、敵じゃなくて味方にする

来店客7

言われたことだけを真面目にやってきた45歳

浅倉晴美さん（仮名、45歳、既婚）
住宅販売企業一筋22年。産休・育休を挟んで人事、財務、経理を10年以上担当しています。これまで、目の前にある仕事を真面目にこなして会社に貢献してきたという自負はあります。だけど、半年前にとてつもなく仕事ができて性格もいい26歳の後輩が転職してきて、戸惑っています。転職してすぐになんでも自分以上にこなす彼女を見て「これまで私がやってきたこと、積み上げてきたものってなんだったんだろう……」と自問自答するようになりました。

紫乃ママ　いらっしゃい。あれ、今日は休み？　なんかもやもやオーラが出ているけど、どうした？

晴美　最近、ものすごく仕事ができて気配りも完璧、おまけに美人と、非の打ち所がない26歳が転職してきたんです。**その後輩のキラキラオーラに圧倒されて、自分を卑下してしまい、なんだかもやもやしちゃって……。**

紫乃ママ　いわゆる「女子力が高い」だけではなく、仕事への意識が高くて賢い、視野も広い若い女性は増えていると思う。私たちアラフィフが入社した時は、一人一台パソコンがなくてＤＯＳコマンドとか使っていた時代。キャリアアップの意識なんて持っている人のほうが少なかったし、時代背景が違い過ぎるよね。私たち中年が20年かけて手探りでやってきたことを、ひょいっとやってしまう。若い子たちのその適応力の高さに面食らう感じはあるよね。

晴美　正直、自分が26歳の時はあんなこともこんなこともできなかったのに……と後輩を見て、自分にがっかりしているんです。

紫乃ママ　その後輩、きっとネイルもいつもキレイでしょ？

晴美　そうなの！

紫乃ママ　そんでもって、きっとボランティアとか社外活動もたくさんしているでしょ？

晴美　そうなの、大正解！　初めて私の部署に入ってきた瞬間から輝きオーラを放っていました。あの存在感はいったい何？　**「それに比べて自分は何者でもない」と思ってしまうんです。**

紫乃ママ　晴美さんだって22年も一つの会社に勤めているんだから、何者でもないってことはないでしょ。

若くてデキる後輩の「青い芝生」と比べない

晴美　振り返れば、私はただ「目の前にある仕事」を粛々とやってきただけなんです。でもその後輩は、資料の作り方や会議での発言、すべて「一歩先を見越した仕事」ができていて。転職してきた数日後に完成度の高い業務改善案を出してくれて「あわわ、すごい！」って感動しました。彼女は仕事で明確な夢があるそうなんです。その夢に向かって自分のキャリアを歩んでいる感じで、本当に素晴らしいと思います。

紫乃ママ　話を聞いていると、その後輩に対して嫉妬をしたり嫌がらせしたりせずに、「すごい」「素晴らしい」って言える素直さは、晴美さんの美徳であり、強さだと思う。「自分は何者でもない」って落ち込んでいるけど、これまで一つの企業で財務も経理も人事も営業もカスタマーサポートもやってきたんでしょ？

晴美　でもそれってみんなできることですよね。特殊な能力は必要ないですよ。**本当に「言われたことだけをやってきた45歳」ですから。**それに対して、彼女は言われる前にできている。すごいと思うのと同じくらい、自分を卑下してモヤモヤが募るんです。急に自信がなくなってしまいました。

紫乃ママ「みんなができる仕事だと思っていた」は自信がない人が言いがち。なんでそんなに自分のやってきたことを軽んじるのかな（笑）。もちろん専門性が高い人はすごいけど、経理だけやるならマシーンでもいい。経理で培った数字のカンが人事で生きたり、財務で身に付いた会社全体を数字から見る経験が営業で生きたりすることだってあるでしょ？ 職業人としての総合力は、いろんな経験があって組み合わせられる晴美さんだって高いはずでしょう。

まずは若くて優秀な子と比較し過ぎないこと。**生きてきた時代背景が違うんだから、比べることに意味はないの。**

優秀な後輩はライバルではなく味方。協業できれば最強

晴美　確かに、経理部で培った数字感覚が人事部で役立って他人の大きなミスに気付けたことが何度かあります。いろいろな経験を積んでいることが「自分の強

み」と言っていいんでしょうか。私にはなんにもないと思っていたけれど……意外にあるのかな。

紫乃ママ　大企業に長くいる人は、複数の部署を転々としていて「自分は専門性がない」と言う人が多いんだけど、**「専門性がない」ことはむしろ売りにもできる。**複数の部署で失敗も含めたいろんな経験を積んでいること自体が財産でもあるの。**若い子は知識があっても「経験の幅」は少ない。**その後輩は、意外に失敗には弱いかもしれないよ。

晴美　彼女はたぶん失敗したことがないと思います。過ちを失敗にしないようにコミュニケーション力でカバーしている面もありますが。

紫乃ママ「私、失敗しないので」って、「ドクターX」の米倉涼子かよ（笑）。**失敗も「経験の幅」の一つだからね。**そういう優秀な若い子には、仕事をどんどん振ってやってもらう。「〇〇さん、すごい！」と、褒めてどんどんやってもらえばいい。でも、交渉とか社内調整とか経験がものをいう面倒なところは晴美さんが手伝ってあげる。社内の人間関係だってあなたのほうがよく知っているわけだし。「先輩やっぱりすごい！」、「こういうのは私に任せといて」ってうまく協業ができれば最高よね。

晴美　確かに、社内事情や社内の仕組みは私のほうが詳しいから、後輩の力になれそうです。

紫乃ママ　私たちの世代が若い後輩女子をライバル視するのは本当に無駄。彼女たちの力になってあげて味方につけられるほうが絶対に得になる。**「無敵とは敵がいないこと」なんだからさ。**比べて悲観したり、自分を卑下するんじゃなくて、サポートしてあげながらどんどん任せればいいから。

むしろ私は、男性のほうが「年齢」でマウンティングしたがる人が多いなあって感じる。1歳でも年上だっていうだけで「俺のほうが偉い」と信じている。いや、信じたいのよね。**でも、「年齢と体重は記号」っていうのが私の持論。リスペクトできる人は年上だろうと年下だろうと関係ないよね。**大事なのは魂の成長レベルだと思う。私もよくイケてる若い子に会って「うわっこの子、魂年齢1万26歳だわ」と思うことあるよ。

後輩のスキルを見極めて伸ばすのも、先輩の仕事

晴美　そういえば！　最近、男性上司が私に対してすごく高圧的で、マウンティングしてくるんです。その上司が仕事ができる後輩にも変なことをしないかすごく心配で。

紫乃ママ　ほら、後輩のために晴美さんがやれることあったじゃない。後輩を守ってあげるのも先輩の仕事。後輩が伸び伸びと活躍するためのじゅうたんを敷いてあげる、土台を作ってあげる。

晴美　私、その後輩を守ってあげたいな……それならできる気がしてきました。

紫乃ママ　男でも女でも「自分の立場が脅かされるかも」という理由でデキる後輩を敵視してしまう、相手の年齢が下というだけで「自分よりできない」と決め付けてしまう人が結構いるのよね。晴美さんみたいに「私がやれることをしてあげよう」と素直に思える人はまだまだ少ない。

今は転換期。**私たち世代は、若い人たちのスキルを見極めて、それを伸ばす機会をつくってあげることが本当の役割だと思う。**どんどん仕事を任せる。押し付けるんじゃなくてね。そして支援もしてあげる。世代間の逆転があろうと「やれることをやれる人がやる」と認められれば、お互いきっと楽になるはずだから。

晴美　本当に非の打ち所がなくて、素晴らしい子だから、実は最近「これは恋ではないか」と思うくらいに憧れ始めています。

紫乃ママ　なんと、いきなり恋！（笑）。そう思えるなんてすてきだよ。普通は年下に対してそういうふうに思いづらい心のハードルがあるじゃない？　でも、「年下のくせに」ってダメなところを探しても何もいいことはない。年齢にかかわらず、周りにリスペクトできる人がいるのは幸せなこと。嫉妬や敵意ではなく、恋愛対象になり得るくらいの好意を持っているということは……つまり、「無敵」への近道じゃない？　うん、それが恋でも全く問題なし！

After Session

「年齢フィルター」はそろそろ外そう

ねえ、「もう年だから〜」とか「(あなたは)まだ若いのに〜」ってセリフが増えてない？

とかく私たち40代、50代は年齢にとらわれがちな世代。若い頃は「若い女性」ってだけでチヤホヤされてきたし、一方で「年上は(無条件に)偉い」っていう年功序列の価値観をゴリッと刷り込まれてきた世代ですよね。**「何歳代はこうあるべき」という固定観念にがんじがらめにされているわけです。**晴美さんの場合も、〝まだ若いのに〟自分より優秀な後輩に出会い、落ち込んでいた。

当然ながら、若いからいいわけでも、若いからダメなわけでもない。その逆もそう。人間ってもっと多様なものよ。年齢なんていう雑なフィルターをかけて人を見るのをそろそろやめませんかって話です。

確実に言えるのは、これから人生100年を生き抜くには年齢信仰にとらわれていると絶対に損をするってこと。私ね、「世の中、自分以外は全員リソース」だと思ってるの。これだけ情報社会で世界が多様になっているんだから、自分が見えていることや知っていることなんて、世界のハナクソのさらにその一部だと思うのよ。どの世代からも、どんな環境の人からも、いろんなことを教えてもらえるように目線を上げたり、下げたりできるようになっておけば、世界はどんどん広がるし、まだまだ成長できるじゃない。

フラットに、自分をオープンにすることの大切さ

でもさ、普通に生きてると、年を取ってるっていうだけで、煙たがられ始める。

それは多くの年長者が「年長者だから」というだけの理由で、偉くなきゃいけない、偉そうに見えないといけないって呪縛にとらわれて、偉そうにしちゃうからなんだよね。そんなに気張らなくていいのよ。年食ったって馬鹿は馬鹿。むしろ私なんか最近年取って馬鹿の上塗りしてるわ、って思うわよ。それであれば、賢い人にいろいろ教えてもらったほうがいい。相手が年下とか関係ないじゃない。だからこそ意識してフラットに、自分をオープンにして人と接することが大事だと思う。

海外では「リバースメンタリング」というメンターの制度を取り入れる企業もあると聞いています。

普通はメンターって年上のことが多いと思うけど、「リバースメンタリング」とは若い人が上の世代に助言する逆方向（リバース）のメンター制度のこと。若い世代が持つ新しい知識や価値観、感覚、新しいツールへの順応性を共有することができる。日本は年功序列志向が強いから、「年上は偉くて、若い人は未熟」という考えがまだまだ強固。だから若い人に教えてもらうことを恥だと思っている人はまだまだ多い。でも、そんな年齢フィルターを持っていると、新しい情報が入ってくる機会をロスしちゃう。

年齢、性別、国籍、環境……そんなものにかかわらず、お互いの違いをリスペクトして、フィードバックをもらえる状態にしておくことが、ミドル世代の私たちが、人生後半をハッピーに過ごす鍵になると確信してるの。

紫乃ママ's金言

年齢の枠にはめて人を見るのはもったいない。自分以外は全員リソース！

PART 4

会社に
理不尽にフラれた人への
処方箋

Session 8

中年転職バージョンの心得

大事なのは相性。「市場価値」に踊らされない

来店客8

突然のリストラ！ 中年転職バージンな55歳

工藤理恵子さん（仮名、55歳、独身）

新卒から広告関連の会社に32年間勤務。40代で営業部長になり、仕事内容にも収入にも満足して独身生活を満喫していました。ところが突然、親会社が買収され、私が勤める子会社も事業縮小することに。大規模なリストラが行われ、会社の先行きが危うくなってきたのを感じ、好条件のうちにと希望退職に応じました。そして現在、転職活動中。起業にも興味があるものの、あまりにも急な退職でなんの準備もなく、50代半ばにして初めて転職活動に励む日々です。

紫乃ママ　いらっしゃい。あら、初めての方？

理恵子　はじめまして、です。紫乃ママにぜひ聞いてほしい話があって……。あ、取りあえずハイボール、お願いします。実は私、先月に会社を辞めて、50代半ばにして人生初の転職活動真っ最中なんです。

紫乃ママ　まあ、まずはハイボールでも飲んでよ。で、いきなりなんですけど、なんで辞めちゃったの？

突然のリストラで人生計画が狂ってしまった！

理恵子　本当に突然なんですけど、親会社が買収されて経営者が変わったんです。会社を転売するために、能力にかかわらず50代以上の社員を激しくリストラしていまして。このままじゃ会社の先行きも危ういし、上乗せ退職金が出るうちに辞めようと思って。**会社が買収されてから辞めるまではなんとたったの2週間！**

紫乃ママ　え〜、会社の合併や統合はよくあることだけど、そりゃ随分ひどい話だわ。

理恵子　そうなんですよ。会社が好きだっただけに本当に残念で……。仕事も楽しかったですし、部下や同僚にも恵まれて、定年まで勤めるつもりだったのに。

だから正直、今まで一度も転職を考えたことがなかったんですよね。

紫乃ママ　仕事にも待遇にも満足していたなら転職なんて考えないわよね。それで転職活動はどう？

理恵子　面接1社目でいきなり内定は出たんですけど、どうしようか悩んでいて。

紫乃ママ　おお、すごいじゃないですか！　50代ともなると退職してから何カ月も転職先が決まらない人は結構多いのよ。

理恵子　でも、転職面接を受けたのも初めてだし、この会社でいいのか分からなくて。「1社目の内定は8割の人が辞退する」とも聞きました。実際、年収は下がりますし、もっと探せば他に自分に合う会社があるのかもって思ってしまって。

「せっかく辞めたんだから……」と思うけれど

紫乃ママ　新卒からずっと勤めていたんだものね。50代半ばまで一つの会社に勤めあげて、しかも仕事が楽しかったなんて、仕事も男も長続きしない私からしたら、それだけで大尊敬。あ、ここ笑うとこね。で、内定が出た会社は前の仕事と同じ業種なの？

理恵子　近い業種ですね。だから練習のつもりで、取りあえず面接だけでも受けてみようと思ったんです。先方からはこれまでのキャリアを評価してもらえたと思うんですけど、いきなり「責任者をやって」と言われて。実は、それも荷が重いんですよね。**せっかく辞めたんだから、起業したり、違うことをやったりしたい気もするし。**

紫乃ママ　確かに今までの延長線上だものね。全然違うこともやってみたいわよね。子どもの頃の夢だったお花屋さんとか（笑）。

理恵子　そうなんですよ。実はハローワークにも行ってみたんです。そうしたら輸入雑貨を扱う小さな会社にも内定をもらうことができて。未経験ですけど興味があるバイヤーの仕事なんです。

紫乃ママ　あら、それもいい話。未経験職種なのに求められるってすごいことですよ。**やっぱり女性できちんと管理職をしてきた人って貴重な人材だから、見る人が見れば分かるんでしょうね。**

理恵子　**この年で再就職ってすごい賭けだな、と今つくづく思っていて。**しかも間にエージェントが入ると就職前に聞ける情報が少ないんですよ。新しい仕事について詳しい説明もそれほど受けられるわけじゃないので、二つ内定があっても、決め手に欠けるんですよね。

紫乃ママ　**やっぱりさ、まず理恵子さんが次のステージで何を一番重視するか**

をはっきりさせることじゃない？これから働く上で大事にしたいことの優先順位を付けてみたらどう？　何があれば自分は満足できるのか、どんな条件は譲れないのか、何は妥協できるのか。そんなことを書き出してみてさ。年も重ねてきた今の自分が、一番パフォーマンスを出せるのはどういう状況なのかは、自分にしか分からないことでしょ。

例えば、今までの話を聞くと、これからの理恵子さんが大事にしたいのは、「収入」よりも「働き方」なんじゃない？　今までみたいにバリバリじゃなくてちょっとペースは落としたい。でも充実した仕事をしたいと。そうであれば、それは正直に相手に伝えたほうがいいと思う。

中年転職バージン……まさに、私！

理恵子　条件か……私の場合、確かにお金はそれほど重要ではないですね。大事なのは二つあって、一つは自分の才能が花開く場所にいたいということ。もう一つはいい仲間と働きたいということ。でも、転職活動をしているとどうしても企業側に合わせていかなくちゃならないじゃないですか。

紫乃ママ　そんなことないと思う。この世代まで転職したことがなかった「中年転職バージョン」の人の初転職活動の話を最近よく聞くんだけどさ、きちんとスキルを積んできている人でも、転職に関してはウブで、「どうしたら採用してもらえるか」って、企業側に合わせようとする発想になる。

でも、経験もスキルも積んだ大人なんだからさ、「雇ってもらう」という発想だけじゃなく、その会社で自分が働くことが会社にどんな恩恵をもたらすのか、自分の力を100％発揮するために、どう働いていきたいか、をきちんと伝えていくことも大事よ。新卒採用は真っ白な状態からの採用だから、企業側の要望に合わせて「私、何色でも御社の色に染まります！」となるけれど、キャリアを積んだ私たち世代は採用する企業側と対等。お互いのためにも、どんどん聞いちゃいなさいよ。

理恵子　中年転職バージン……まさに、私！　初めてだから自分からどれくらい条件を言っていいのかも分からないんですよ。サラリーマン生活が長いと自分の市場価値がどのくらいなのかよく分からなくて。一緒に職を探している元同僚たちに聞いても、自分を過小評価する人が多いんです。年収が700万円だったのに「300万円もらえればいい」とか。

市場価値なんて「あってないようなもの」と心得る

紫乃ママ　あらあら、そんなに下げちゃうの？　でも「市場価値」ってよくいうけど、私はそもそもそれもあってないようなものだと思うのよね。年収なんて結局は相対的なものでしょ。今、大企業で年収800万円をもらっていたとする。でも、あなたの気に入った中小企業があって、社長の年収が800万円だったとしたら、そこでいくらいい仕事をして評価されたとしても、あなたは800万円もらえないわよね？　じゃあ、あなたの市場価値は低いのか？　といえばそうじゃなくない？

そういうのってキリがない。**お金の基準はある程度の絶対値のラインを決めたら、あとはやっぱり自分が何にこだわるかを決めること。**働く仲間が大事だと思うなら、その会社のスタッフと食事させてもらったら？　それくらいなら交渉すればできるわよ。

理恵子　仕事内容は、最初に内定の出た会社に魅力を感じています。でもやっぱり「責任者」っていうのが厳しい気がして。見知らぬ会社で采配を振るうのは今までと違いますからね。**それに50代も半ばになると、少しスローペースで働きたい気もします。**髪振り乱して、新しい職場でいきなり最前線に立つっていうのはきついですよ。

紫乃ママ　働き方を変えたいってことよね。私の知り合いでも、工場長でオファーが来たけど、いきなり工場長として入社するのはリスクがあるからって「まずは副工場長として1年間働いた後に工場長にしてください」って条件を出して転職した人なんかもいる。

再就職先を探すのは、不動産物件を探すのと同じ

理恵子　実はもう一つ心配事があって。離れて住む80代の親が倒れたりしたら、新しい会社で休みを取ることができるのかなと不安なんです。前の会社なら1カ月でも休めたと思うんですけど。

紫乃ママ　分かる分かる。50代になると親も高齢だものね。でも、それは誰にでも起き得ることで不可抗力だから、親御さんが既に体調が悪いのでなければ、可能性として自分の心に秘めておけばいいと思う。考え出したらきりがないもの。どんな会社に勤めてもすべての不安が解消できるわけじゃないって理解することは大事。不安は不安のまま取りあえず保留して、心の準備だけしておく。臨機応変でいきましょう！

理恵子　再就職活動をしていると、自分のスキルにすごく自信が持てる日と、自分は何もできないって落ち込む日というように、気持ちにアップダウンがあるんですよ。だから内定を蹴って落ち込んでしまったらと思うと、しんどいんです。

紫乃ママ　私だって1日に10回ぐらい落ちてる（笑）。転職活動って自分が突然まな板に載せられて料理（評価）されることだものね。理不尽に傷つくよね。**でもさ、再就職先を探すのなんて不動産物件を探すのと一緒で、たまたまのタイミングもあるし、100％お互いの条件が合うことはなかなかないと割り切ったほうがいい。**「私がダメだから」とかあまり思い過ぎないで。まあ、気分が落ち込んでいるときはちょっと立ち止まって。落ち込んでもまた上がりますよ。私らはそのやり方も知ってる世代。ところで、起業はどのくらい真剣に考えてるの？

理恵子　本当はしたいんですけど……。何しろ突然の退社だったので、全然準備をしていないんですよね。

働きながら準備もアリ。人生をパラレルに考える

紫乃ママ　起業のテーマはあるのかしら?

理恵子　コミュニティーを支援する仕事がしたいと思っています。前職でもそれに近いことをやっていて。みんなをつなげるような仕事が一番の喜びですね。

紫乃ママ　なるほど。でも、いきなり会社を立ち上げて食べていくのは難しいと思うから、次の会社で働きながらその先の基盤をつくる準備をしたら?

理恵子　新しい会社に入って、そんな余裕がありますかね?

紫乃ママ　ミドル世代で長く一つの会社で勤めた人って、次のキャリアを考えるときも**「今までみたいに働くか」、それとも「起業するか」っていう一か八かの二者択一しかないと思っている人が多いけど、働き方や人生ってもっとパラレルで**

いいと思うんですよ。ゆくゆくは起業を念頭に置いているなら、そのための人脈づくりや、仕事の内容が起業につながりそうな会社を、次に選ぶのもいいしね。

理恵子　なるほど、その視点はなかったです。

次の場所で「何を獲得できるか」も考えて選ぶ

紫乃ママ　先々の起業を見越した上で、次の会社では、そのための人脈や経験といった財産を増やしていくという方法。次の次を見越して仕事をするなら、次の職場で条件が一つくらい合わなくても許せるかもよ。次の場所で「何で貢献するか」だけでなく「何を獲得できるか」も考えてみて。1年間やってみて、違うと思ったら辞めたっていいし。今まで転職バージョンなんだから、もうこの後は開き直って何回転職したっていいんじゃない？

理恵子　そうですよね。2回目、3回目があってもいいんですよね。少し気が楽になってきました。

紫乃ママ　そうよ。私だって結婚3回目にしてやっと……ってそれは置いといて、とにかく、「次が絶対」「次を最後に」とか思わないでいい。**入ってみて違うと思ったら、その次はより正しい選択ができるはずですよ。**動いてみないと分からないでしょ。なんたって今まで転職バージンだったんだから（笑）。あとは体の声を聞くことは大事よね。この年になると、経験の蓄積で「あれ、この会社、何か違う」と思うと体が反応するから。理屈で考えがちだけど、体の声、直感を素直に受け止めたほうがいいわよ。

理恵子　定年前に、自分の仕事を考え直す機会ができたのはよかったかもしれない、と思えてきました。次の次まで、先を見据えて頑張ってみます。

After Session

中年転職バージョンの心得

一つの会社に長くいると、組織内での自分の立ち位置は分かっていても、組織外に出たときの戦闘能力が分からないという人は多いですよね。だから、いざ転職となると、「自分の市場価値は?」と自問自答してしまう。相談者の理恵子さんも32年間勤めた会社を突然辞めることになり、思わず自分の「市場価値」を考えてしまったといいます。

でも、人間は機械じゃないんだから、単純にスペックで比較できるわけじゃない。機械みたいに、どこに置いても同じ働きをするわけではないわよね。特に日本の大企業に長く勤めた人はいろいろな部署を異動してきたゼネラリストが多い。それを「市場価値」として比べるという発想自体かなり無理がある。

もちろんスペシャリストとして働いてきて、自分の闘っていくスキルがはっきりしている人もいるでしょう。でもそういう人ですら、環境によって発揮できるパフォーマンスは変わる。**40歳以上になると、転職市場では「あの人、うちにはオーバースペックだからちょっとね……」なんて理由で断られることもよくあります。**単純にスペックが高ければいいわけではないんです。

じゃあ、中年を迎えた私たちが転職を考えるとき、何が大切なのか。人はお金のためだけに働くわけではないというのは数十年間働いてきた私たちならよく分かっているはず。**どんな人たちと働きたいか、どのように働きたいか、どのくらいの収入を得たいか、少なくともその3つのバランスをまず考えてみる必要がある。**今までの自分の働き方を振り返って、優先順位をよく考えてみてよ。よく分からない「市場価値」なんていう物差しで自分を測るなんて、無意味。

例えばさ、常に競争を求められる環境が好きなのか、チームで協力して仕事をするほうが力を発揮できるのか、とか、少人数と深く付き合う環境で仕事がしたいのか、さまざまな人たちと出会う職場のほうが気分が上がるのか、とかね。学生時代の就活とは違って、自分がどんな環境や状況で力を発揮できるかは、40代、50代にもなればある程度分かっているはず。そこをきちんと振り返って、自分が何を大事にして働きたいかの優先順位を付ける。

転職経験がないと、新卒の就職活動のときのように、一方的に「選ばれる側」というスタンスになりやすい。でも、恋愛と同じで、それなりの経験を重ねてきているんだから、お互いの相性を追求してよ。**恋愛も転職も結局は組み合わせ。大人は相性で選ぶべきというのが私の持論です。**相性のよさそうな相手を見つけたら、あとは交渉次第。希望する会社に自分がどう貢献できるか。どんな活躍ができるか。自分も選ぶ立場であるということを忘れずに、自分がどんなことで貢献できるかを考えて、それを相手に伝えていければうまくいくと思う。

「年収が上がる転職」「ポジションが上がる転職」＝「キャリアアップ」っていう刷り込みがあるけれど、そもそも「キャリアアップ」って何よ？ **キャリアにはもともとアップもダウンもないわよ。キャリアっていうのは、その人が生きてきた、働いてきた軌跡そのものでしょう。**私たちくらいになったら、誰がなんと言おうと自分に合った職場を見つけられる人が幸せになる。市場価値なんて言葉に踊らされないでよね。

紫乃ママ's金言

「市場価値」に踊らされずに、自分の物差しで自分に合う場所を知ることが大事

Column

2

50歳になったらスナックのママになろう②

紫乃ママ的「ニューノーマル」論

紫乃ママ的「ニューノーマル論」。自分で言っといてなんだけど、意識高くて笑う。でも、時代は変化している。10年前、20年前の40代、50代と私たちの生き方は全く違うから、今の時代に40代、50代をご機嫌に過ごすためのルールがあるはず。ギアを変えなきゃと思うんですよ。45歳からのニューノーマル、新型コロナウイルス禍以降のニューノーマル。昼スナックママから見た、これからの私たちがご機嫌&楽しく生きていくためのヒントになるキーワードについて語らせて。

紫乃ママ的
4つのニューノーマル

New		Old	
主催者（カウンターの中）	◀	参加者（カウンターの外）	1
ネタで勝負	◀	強みで勝負	2
速攻する	◀	熟考する	3
事件はスナックで起こる	◀	事件は会議室で起こる	4

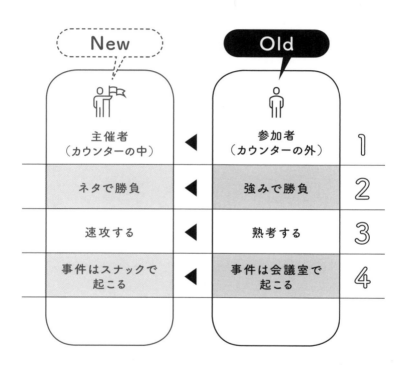

参加者（カウンターの外）⬇主催者（カウンターの中）

参加者、お客さんもいいんだけれど、これからは主催者になりませんか？って話です。みんなスナックのママやマスターになろうよって（笑）。

「紫乃ママ的サードプレイス論」（Ｐ１３２）でもちょっと言ったけど、場やイベントの「参加者」でいるだけじゃなくてね、「主催者」になったほうが絶対に得をすると思うんですよ。主催者は、全部自分でコントロールできるのよ。やりたいことも、参加するメンバーも。おまけに、「いい場を主催してくれてありがとう！」って感謝だってされる。**絶対に主催する人のほうが得をするのよ**。私はそれに尽きると思っていて、どんな場でもいいからシンプルに「主催者になろうよ」ってみんなに言ってるの。これを、主催者として「全部自分でコントロールできる」ととるか、「全部コントロールしなきゃいけない」と捉えるかの違いは大きい。

ところで。いつまでお金を払って学び続けるんですか？

最近「ライフシフト」という流れもあって、私たちの世代で改めて学び直しを始めている人も多い。学ぶことは素晴らしいし、やり始めると楽しくて、学べば学ぶほどさらにいろいろなことが学びたくなる。今はさまざまな認定資格もあって、どんどん取りたくなる気持ちも分かる。私らは偏差値世代だしね。でも一方で、**ずっと「学び続けるだけの人」が多いとも思うのよ**。何度も言うけど、もちろん学ぶって素晴らしいこと。でも、「知識をいったいどこまで蓄え続けるの？いつまでインプットし続けるの？」です。この先、学者になるわけでもないんだし、少し学んで要点をつかんだら、それをさっさと実践に移していったらいいんじゃないかと紫乃ママは思うわけですよ。人生短いしね。

学んだことを「ギブする側」（＝主催者）にさっさと回ってみましょうよ。学んだことを社会に還元していかない？ しかもそれが誰かの役に立ってお金になったらさらに最高じゃない。

「私なんてまだまだ主催者になんてなれません。人より秀でたものがないから」って言う人も多いんだけどさ、**人間40年も50年も生きてきて、なんにもない人なんて絶対にいないから**。むしろ、本当に何もないとしたら、「何もない」がウリになるかもしれないし。「なんにもない私でも、こうやって元気に楽しく生きている。ご機嫌に生きる発想法」、そういうのでもいいのよ。**みんなそれぞれ生きてきた歴史そのものが「その人しか持っていない何か」なんだって自覚してほしい**。自分が誰かにギブできることは、きっとあるから。それがセッション1で言った「タグ付け」にもつながる。

「主催者のほうが絶対に得をする」の真意は、「相手にギブをしていくことで結果的に自分が得する」ということ。情けは人のためならずっていうけど、自分が持っているもの、学んだことを誰かにギブしようとすれば人が集まってくれて、感謝もされて、次のつながりに発展することもある。巡り巡って自分に還ってくる。わらしべ長者ですよ。**ここからの人生は人に巻き込まれるだけじゃなくて人を巻き込んでいく立場になる。**参加者だけじゃなくて主催者にもなる。スナックで言うと、カウンターで飲んでるだけじゃなくて、カウンターの中に入るのよ。つまりママになる。その一歩を踏み出してみない？　カウンターの中から見える世界は全然違うのよ。

2 強みで勝負➡ネタで勝負

「自分の強みってなんだろう？」。誰しも一度は考えたことがあるはず。そして、その強みで勝負しろ、と。私らの世代は聞き飽きた言葉でしょう。でもそのときの「強み」って例えば「ＳＥの経験が20年」とか「資格を３つ持ってる」とか。要は世の中からよしとされる価値観、誰かが決めた価値基準の中での話ってことがほとんど。**でも、45歳を過ぎたら「ネタで勝負」っていう心意気でどう？**長い人生を歩んでいれば、どんな人でも、思い通りやれたことばかりじゃなくて、そうじゃなかったことや、成功だけじゃなくて失敗もたくさんあるでしょ。でも、それは全部「経験」という名の財産。たとえどんなひどい経験であれ、その経験を乗り越えてここに来ているんですよ。そこに価値がある。**つまり、「成功してることが過去にたくさんある」ことだけが価値じゃないってことです。**

そもそも、成功体験しか語らない人は絶対に怪しい。そういう人に会うと「んなわけねーだろ」っていつも心の中でツッコミを入れてる。成功体験を語らなきゃ認めてもらえない、対等に見てもらえないという思い込みを持っている人は多いけど、実際はそんなこと全然ない。人が聞きたいと感じるのは、うまくいった話じゃなくて、断然うまくいかなかった話。

うまくいかなかったことをどう乗り越えたのか、どう消化しているのか・していないのか、それが「その人」を象徴するんですよ。だから、失敗した経験、やらかしちゃった経験こそ、隠さずにさらけ出したほうがいいと思う。そうすると、周りの人から見て、がぜんあなたという人物が立体的になって、あなたならではの魅力が生まれてくる。他の人もあなたに興味を持つ、もっと知りたいと感じるんです。

そして、**成功も失敗もひっくるめて「自分の経験」として伝えていくことで、周りの人や若い人たちの中で挑戦を迷っている人たちの背中を押すことができるんじゃないかとも思う。**いいことばかりじゃなくて「私はやってみて大失敗しちゃったんだけど、でも大丈夫。それが今につながっている」という話こそ、どんどん語ってほしい。

「黒歴史」という言葉があるけど、自分の歴史をどうか黒く塗らないで。歴史は白と黒だけじゃなくさまざまな色を持っている。すべてが人生の彩りなわけですよ。だって、今までのすべての経験が今のあなたをつくっているわけでしょう？

大事なのはやらかしちゃった経験を黒く塗り潰すことではなくて、消化する、成仏させることなんです。南無。

すべての経験をネタ化して笑い飛ばそう

過去の失敗や許せなかった人やこと、悔しかったことを思い出して暗い気持ちになることはありますか？ もちろん私にもある。恥ずかしいことだらけよ。でもね、過去は変えられない。すべてはネタですよ。いい加減それを笑い飛ばす強さを持ちましょうよ。自分を笑い飛ばせる力はこれからとても大事。過去を振り返って「あ～あ、私あんなことをしでかしてホント最悪。ウケるわ」ってね。**最後の「ウケるわ」が大事なんです。**自分を俯瞰して見ること。もう過去の自分と、今の自分は違う。肌の細胞も約4週間で入れ替わるって言うじゃない。成功体験も失敗体験も全部そのときの自分がやったこと、引きずらないで、手放す。そしてネタとして他の人に見せてあげたらいい。

例えば浮気男や借金男と付き合った過去、合う仕事が見つからず転職をずっと繰り返してきた過去、あるいは家族とのいざこざ……等々、誰にでもいろいろあるじゃない。変えられることは変えればいいんです。一方で、**変えられないことはそのまま受け入れる。それらひっくるめてその人らしさ、ユニーク性なのよ。**「それを乗り越えてきた私」「それを受け止めている私」っていう自分軸で考えれば、どんな体験も自分の一部として受け入れることができると思う。

3 熟考する⬇速攻する

紫乃ママは「スナックひきだし」で、いろいろな悩み相談をされます。その中で、意外によくあるのはこんなパターン。好きな男がいる。で、まだ告白もしてないんだけど「あの人に告ってもどうせダメだと思うんですよ、ママ。でね、ダメだったらきっと私、へこむと思うんですよ。だからやっぱり告白するのはやめようって思ってて。でもやっぱり好きなんですよね〜」っていう悩み。これ「男」が「会社」だったり「新しい仕事」だったり、いくつかのバリエーションがあるんだけど。

あのさ、これ悩みにもなってない。こちらとしては「で、どうしたいの？ていうかまだ何もやってないよね？」っていうやつ。行動する前に脳内シミュレーションを何回転もして結局何もやらない。行動のない悩みは単なる妄想にすぎなくて、こちらは何もコメントのしようがないんですよ。考えていることがあるなら、まず小さな行動を起こしてみる。そうすると必ず何かの結果が出るから、その結果を次にどうつなげるか、そこから初めて悩んでいけばいいと思うんです。

妄想はまあ1、2回はしたらいいですよ。でもそこからは、計画を立てて、ちゃっちゃと行動する。会社を辞めたいけど辞めてもきっと……ゴニョゴニョ……って何年も妄想ループに入っているのは自由だけどさ、**会社を辞めたら、普通はその選択を正しいものにするために、自分でいろいろ頑張るわけじゃないですか。**ダメなことを確かめるために会社を辞める人なんていないし。そっちの努力に頭を使うほうがよっぽど大事なわけですよ。

「来世持ち越し案件」を増やさないために

そしてその計画の立て方。半年くらいかけてじっくり計画を立てたとしても、その間に世の中の状況が変わっちゃうことが多い。新型コロナで世界が一変したように。**だから大事なのは、計画を立てるのに時間をかけ過ぎないこと。**

どれだけ頭で考えたって、やってみた結果だけが本当の結果でしょう? だからまずは行動してみること。小さくていいから一歩踏み出す。既にいろんな人が言ってる言葉だけど、改めて伝えたい。やらないと結果が出なくて、結果が出ないと次の結果につながらないから。2つ目でも言ったけど、たとえ思った結果が出なくても、それは一つネタが増えたと思えばいいんですよ。そして軌道修正すればいい。

特におりこうさんな人には、自分の頭で整理したシミュレーションが正しいと思い込む人も多いけれど、世の中はもっと不可思議なのですよ。一つの行動が生む結果は私たちが考えている結果なんかよりずっと幅広い。私たち世代は、グズグズしていたら「来世に持ち越し案件」ばかりになる。実際に体力も気力も刻一刻と低下してるという事実認識をする。やりたいこと、やめたいことが見つかった人は、考える時間を減らして、動く時間を増やす。**整えてから動くのではなく、歩きながら整える。これは私たち世代のモットーですよ。**

4 事件は会議室で起こる➡事件はスナックで起こる

スナックには、いろんなバックグラウンドを持ったお客さんがたくさんいらっしゃいます。私の「スナックひきだし」には、下は生後3カ月の0歳児から上は80歳まで、いろんな人が来てくれました。本当にさまざまなお客さんがいる中で、**一つ共通するのは、お客さん全員がそこにいる誰かの応援者になってあげているってこと。**

例えば、こんなことがあったの。彼女ができない悩みを抱えた男子がふらっと入ってきて、「今度、お見合いパーティーに行くんです」って。それを聞いた、たまたま隣に座っていた絵本の読み聞かせを趣味にしている方が「そこで仲良くなった子とデートするときに、絵本を読み聞かせしてあげなさい。グッとくるから」と謎過ぎる、でも彼としては真剣なアドバイスをした。後日、その男子は、お見合いパーティーで知り合った女子との初デートでアドバイス通りに絵本の読み聞かせをして、彼らは見事に付き合い始めて、結婚。そして今や1児のパパ。

もちろん誰もがそんなスムーズに展開するわきゃない。別に婚活スナックでもないし。でも言いたいことは、**たとえ一期一会でも、本音で話せ、心理的安全性が保たれ、お互いがお互いの挑戦を応援し合える場所があることの大事さ。**

そういうコミュニティーを、みんなが持てたらいいなと思う。

人生を豊かにする「つながり」や「場」をつくろう

ママとしてカウンターに立ちながら、お客さんの話を聞いていてよくあるのは「それ、あなたのメインステージである会社で言えばいいのに……」というジレンマ。誰しもが実は、心の底に熱い思いや、夢、「もっとうちの会社こうしたらいいのに」「この業界を伸ばすためにこんなことやりたい」なんていう思いを持ってる。**でも、伝える「場」がない。そのうちにその思いや夢を封印して、鍵をかけてしまう。**で、下手するとそんな思いがあったことも忘れてしまう。

私が「そういうの、職場で話したらいいじゃない」と言うと「いやいや、こんなこと会社で言ったってしょうがないよ」と諦めの反応が返ってくる。それは、ぺーぺー社員さんだけじゃなくて、世の中でそこそこの会社にいる課長さんも、部長さんも、時には社長さんでさえも。そろいもそろってみんな自分の夢を周りに語ることを諦めている。なんかもったいな〜と思います。

だから、その思いや夢を忘れてしまう前に、まずは**利害関係がなくて、その場が好きだから足を運んで、そこにいる人をお互いに応援し合えるようなコミュニティーの場で、他でもない自分が思っていること、やってみたいことを口にしていけばいいと思うんですよ。**口にしてみたら、次は職場でも話せるようになるかもしれない。そして他の人の夢や思いも応援してあげる。**そんな「つながり」や「場」がこれからの人生を豊かにすると思う。**会社や会議室では話せない、自分の本音をさらけ出せる場所、ね。そういう場がどこにもなければ、自分が主催者になってつくればいいんです。私たちにはそれができるだけの「経験」がもう備わっているんです。

PART 5

人生逆転

もうひと花
咲かせるための
ワークシート

キャリアスナック 1

人間関係をメンテナンス

「私の人生お助け人マップ」を書こう

人間関係ってね、ただつながりがあればいいってもんじゃない。定期的にメンテナンスをしていくものなのです。「断捨離」も含めて、まず現時点の人間関係の棚卸しをしましょう。次ページに書き出した名前を見て「そういえば、あの人何してるかな……」とか「久しぶりに話してみたい」「今の私の話を聞いたらなんて言ってくれるだろう?」と気になった人がいたら、早速連絡。それが次の仕事のきっかけになったり、迷っている背中を押してくれたりする可能性もある。相手も自分も変化してるからね。一方で、日々たくさんの人に会っている、たくさんの知り合いがいるのに、ここに書き込む人や思い出せる人がいないのはちょっと問題。自分の人間関係のつくり方も見直すきっかけにしてみて。

Step 1 これからの人生によい影響を与えそうな人を書き出す

あなたの周りにこれからの人生に「よい影響」を与えそうな人はいますか？　次ページに、思い付く限り、具体的な名前を挙げてください。

Step 2 気になる人に連絡する

「久しぶりに話してみたい」と思った人3人に丸をつけ、1カ月以内に会う約束をしましょう。夜の食事はハードルが高いので、ランチやオンラインお茶会でも。「いきなり連絡したら驚くかな」とか「前に会ってから時間が空き過ぎているかな」などと忖度《そんたく》せず「気軽に」がポイントです。久しぶりに声を掛けられて嫌な人はあまりいません。

ワークシート ❶

ポイント

- ☑「いい影響を与えそうな人」だけを書き、可視化する
- ☑ 大事なのは、どの象限にどんな人がいるかを把握すること

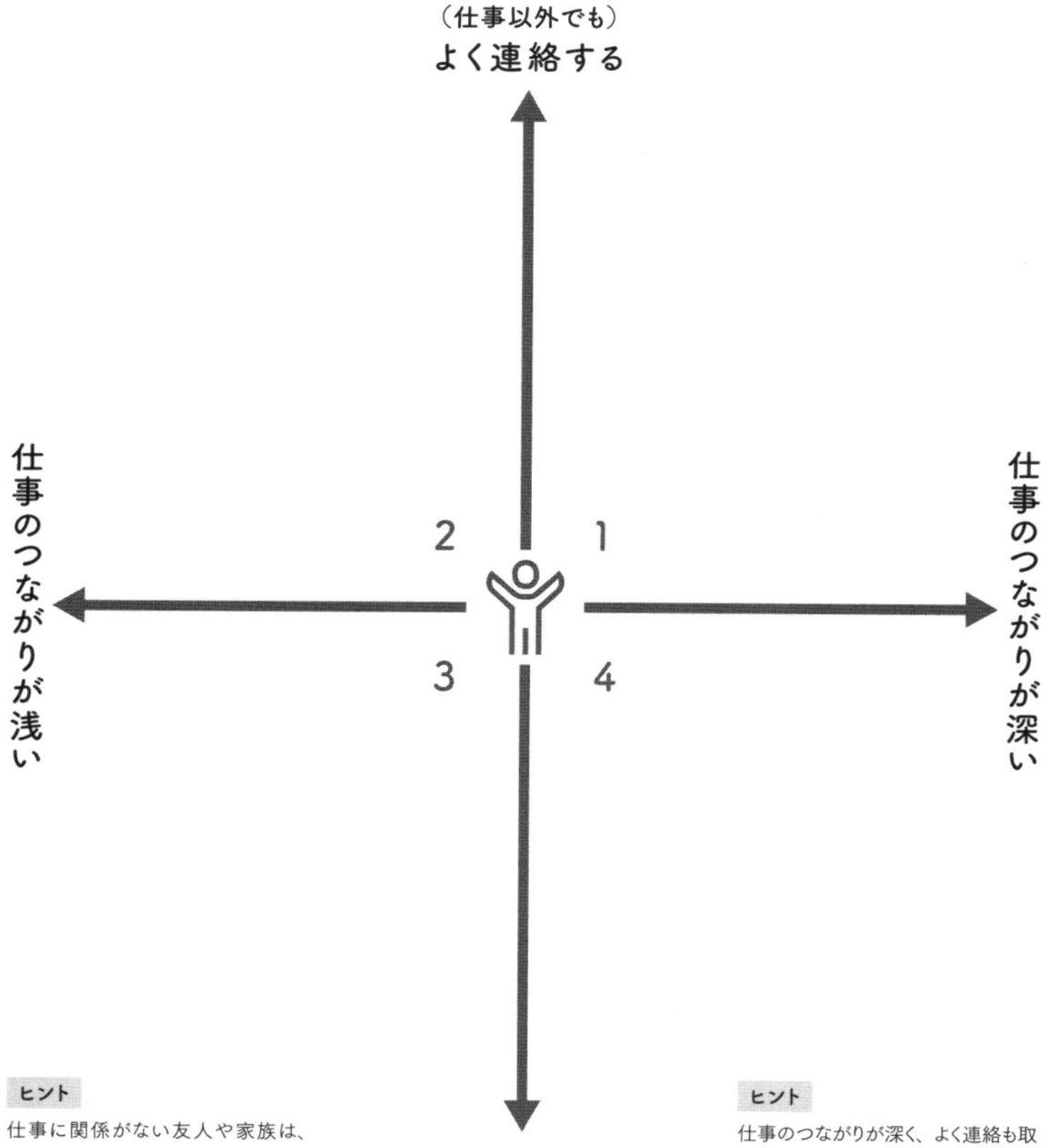

あまり連絡しない

ヒント

仕事に関係がない友人や家族は、やはり心のよりどころになる。大事にすべき人とこれからどういう関係を築くかを改めて考えよう（2&3）。仕事だけに没頭していた人は、仕事の関係者以外にはあまり連絡を取らない傾向（3）。ここをどう増やしていくか、あるいは本当にいないのかを見直して、関係を紡ぎ直そう。

ヒント

仕事のつながりが深く、よく連絡も取る人（1）は、仕事が変わってもつながれるように（「仕事の切れ目が縁の切れ目」にならないように）関係性をより強固にしていこう。仕事のつながりが深いものの、あまり連絡を取っていない人は、仕事だけで付き合っているだけの可能性も（4）。仕事を超えて付き合っていきたい人を探そう。

キャリアスナック 2

「人生やらかしちゃった曲線」で
他人にタグ付けをしてもらおう

セッション1で「自分の仕事にタグを付けよう」という話をしてきたけど、ここでは「他人に自分をタグ付けしてもらう」ためのメソッドをご紹介します。「自分らしさを発揮しましょう」ってよく言われると思うけれど、自分のことは自分ではなかなか分からないもの。「自分が思っている自分」と、「人から見えている自分」は同じじゃない。他人からどう見えているかにこそ、その人らしさの源泉が見えることもあると思います。「あなたの人生は常に〇〇のように見える。だから〇〇を大事にしているんじゃないの?」と他人に指摘されることで、初めて気付く自分の特性もある。他人に見いだしてもらう「自分らしさ」もタグに加えてみてはどうでしょう?

事前準備
自分史を振り返る

「人生やらかしちゃった曲線」を書こう

20歳頃から現在までの自分の人生を振り返り、その浮き沈みを図にして「自分史」を作りましょう。学生生活、仕事、プライベートの中での出来事、それを自身がどう捉えたかを曲線で左図のように描き出します。大きく上がっている山や大きく下がっている谷の部分には、何が起きてどう感じたかも書いてみてください。そして浮き沈みの中で培ってきたもの（スキルや考え方、人脈なども全部）も書き出してみてください（例を参考にしてください）。

Step 1

3人以上で集まる

友人や知人、最低3人で集まりましょう（理想は、自分を含めて3〜5人）。お互いのことを知り過ぎていない関係性、できるだけ経歴や職業が自分と似ていないタイプの人と集まるのがベターです。

例　紫乃ママの「人生やらかしちゃった曲線」

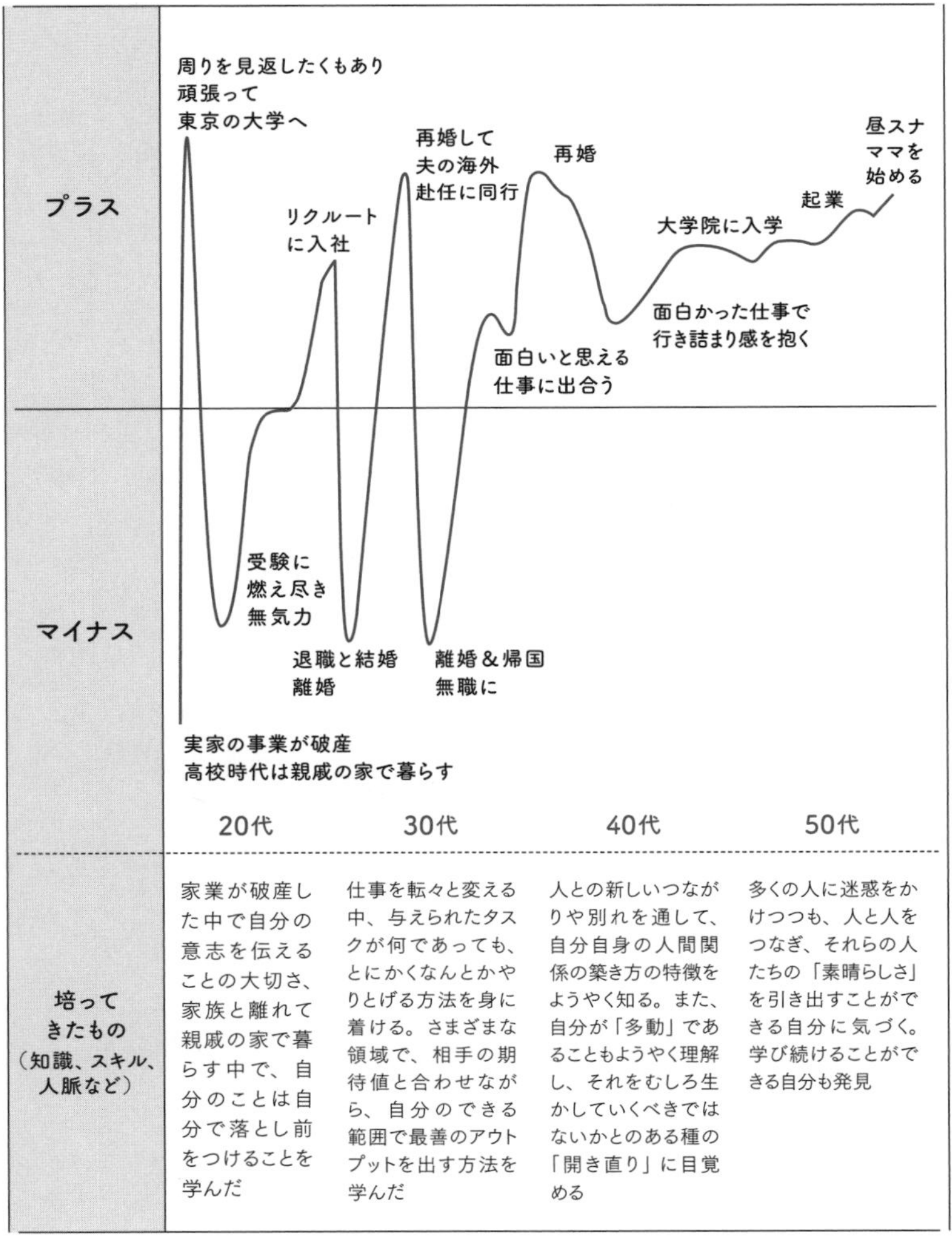

	20代	30代	40代	50代
培ってきたもの（知識、スキル、人脈など）	家業が破産した中で自分の意志を伝えることの大切さ、家族と離れて親戚の家で暮らす中で、自分のことは自分で落とし前をつけることを学んだ	仕事を転々と変える中、与えられたタスクが何であっても、とにかくなんとかやりとげる方法を身に着ける。さまざまな領域で、相手の期待値と合わせながら、自分のできる範囲で最善のアウトプットを出す方法を学んだ	人との新しいつながりや別れを通して、自分自身の人間関係の築き方の特徴をようやく知る。また、自分が「多動」であることもようやく理解し、それをむしろ生かしていくべきではないかとのある種の「開き直り」に目覚める	多くの人に迷惑をかけつつも、人と人をつなぎ、それらの人たちの「素晴らしさ」を引き出すことができる自分に気づく。学び続けることができる自分も発見

ワークシート❷

前ページの例を参考にして書いてみましょう

プラス	
マイナス	
培ってきたもの（知識、スキル、人脈など）	

Step 2

これまでの人生を説明する

事前に準備した「人生やらかしちゃった曲線」をもとに、これまでの自分の人生を他の人に5分で話してください。時間は厳守してください。5分で何を話すかもその人の特徴なのです。

Step 3

質問を受け付ける

発表者以外のメンバーは、発表を聞いた後、発表者にいろいろと質問をしてください。「この山については触れなかったけどなぜ？」とか「その時にどんな気持ちだった？」「周りの人の反応はどうだった？」など、気になることをなんでも聞いてください。時間は5分です。その人が触れなかった部分について質問してもＯＫです。

Step 4

聞き手が話し合う

発表者以外のメンバーで、発表者の人生について議論をしてください。「この時に幸せだったと言っていたけど、話している様子はうれしそうじゃなかった」など、あくまでも傍観者としての感想でかまいません。その場に発表者はいないと思って自由に、無責任に語り合ってください。時間は5分です。

Step 5
発表者が大事にしてきたであろう「価値観」を3つの言葉にまとめる

発表者以外のメンバーで話し合い、発表者が人生で大事にしてきたと思う価値観を3つ出してください。出てきた価値観については、正しい、正しくないはありません。「自分では大胆なタイプと言ってますが、曲線を見る限り本当は慎重ですね」など、クールに、発表者がどんな人に見えたかを伝えましょう。発表者の鏡になる意識で。次ページに例を挙げましたが、3つはどんな言葉でもかまいません。

Step 5 のヒント

例えばこんな言葉

自由　協働　信頼　正直　専門性　調和　ゆとり　正義　活躍　好奇心
努力　豊かさ　輝き　安定　チャレンジ　ユーモア　貢献　素直
自己表現　上昇志向　プライド　子ども　大人　シンプル　創造性
楽しさ　ポジティブ　優しさ　サポート　バランス　挑戦　慎重　世話好き
目標　規律　無心　忠誠　正確性　独立　健康的　快楽　未来　保証
勝利　感動　情熱　誠実　時間　礼儀　つながり　自律　秘密　オープン

注意！ 3つのNG

☑ ✕ **アドバイスはしない**

➡ 「〇〇すべきだ」「〇〇したほうがいい」という話はしない

☑ ✕ **否定はしない**

➡ 「いい、悪い」「間違っている、いない」は問わない

☑ ✕ **文章ではなく、単語で表現する**

➡ 3つの価値観は、例えば上のような言葉で表現する

Step 6

発表者が感想を伝える

3つの言葉を渡された発表者は、他のメンバーに感想を伝えてください。自分が大事にしていると思っていることと、他の人に指摘されたこととのズレを味わうのがポイントです。「自分はこうだと思っていたけれど、実は違うのかも……」ということがたくさんあるはず。そのずれている部分を言葉にして伝えましょう。もちろん「やはりそうか」と確信を持つこともたくさんあるでしょう。

このワークショップはキャリア研修で何度も行ったことがあるのですが、参加した人の多くは「元気づけられた」と言います。「価値観」や「自分の大事にしていること」には、いい・悪いという評価軸を当てはめるべきではないのです。

そこにはいくつかの面があるだけ。「自分は臆病で意気地なしだ」と思っている人に、ある人が「あなたは『慎重さ』を大事にしているんですね」と言うことがあれば、「転職を繰り返し、軸がない自分」を恥じていた人に、ある人は「あなたは変化を軽やかに起こせる人なんですね」と言うこともある。見え方や捉え方の違いなのです。自分自身はあまり好きではない行動志向や考え方、自信がなかった判断軸でも、光の当て方によってポジティブに浮き上がることもあります。

このワークショップは、どんな人の中にもあるはずのキラッと光るものを、人の力を借りて探す作業、いわば「言い換え」をしてもらう場なのです。「臆病」は「慎重さ」に。「飽き性」は「変化を好む」に。それは新たな自分の発見なの。ずっと自分の弱みだと思っている部分を卑下するのではなく、あるいは無理して克服するのでもなく、自分らしさの一部として生かせばいいんじゃないか、と考えを変えるきっかけになったという人もたくさんいます。そうやって弱みも何かも含めた自分を少し好きになれる場をつくってみて。

キャリアスナック **3**

脱・自己紹介で損する人生

「二毛作目の名刺」を作ろう

今、会社や組織で働いている人は自分を紹介するときに、会社の名刺を出す方がほとんどだと思います。でも、そろそろ個としての名刺を作ってみませんか？　会社の中にいるあなたももちろんあなたですが、人は会社に勤めるためだけに生きているわけじゃない。趣味もあればこれからの夢もあるはず。50歳に近くなれば、これから人生の二毛作が始まるんだから、そろそろ「所属する組織の一員としての自分」だけではなく、もっと自分のことを知り、「自分をトータルで表現していく」と未来が変化するかもしれませんよ。

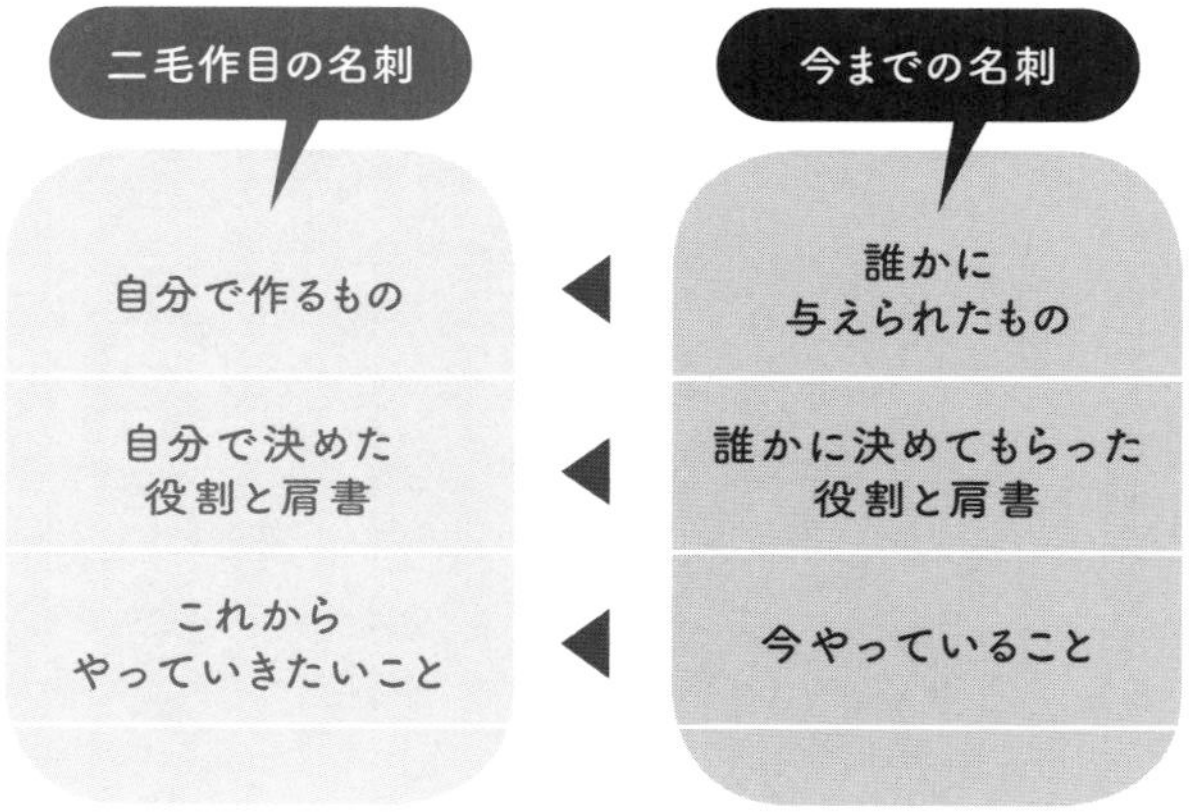

二毛作目の名刺は未来への切符

私は、起業を考えている人向けのセミナーを行うことがあるのですが、そこには会社を辞めたばかりの人もたくさんいらっしゃいます。セミナー後、ご挨拶に来てくださるのですが、皆さん名刺を持っていない。前の会社の名刺に連絡先をちょろっと手書きされている方もいます。「起業を準備している＝起業していない＝屋号や組織名の肩書がない→名刺は作れない」。そう思っている方がとても多いんです。だいたいですね、名刺の肩書には組織名や屋号を書かなきゃいけないって誰が決めたんですか？

セッション1でも言ったけど、起業したいテーマがあるなら「○○起業のため準備中」と書いてみたり「○○○（予定）」などと書いて、自分の目指す方向性を表現すればいいじゃないですか。起業準備中のときこそ、他の人とつながる必要がある。肩書に興味を引くキーワードが入っていることはとても重要なのです。

魅力的な自己紹介をすることは、これからの時代の必須スキルです。今やっていることだけではなく、なんのためにやっているのか、これからやりたいことも盛り込み、あなたという人がどういう人で、どういうことを考えているかが表現できるツール、自己紹介への序章となるのが名刺なのです。その「肩書」に何を入れるか？　大いに悩んでください。金融機関の会社員で、世界遺産めぐりが大好きで、子ども食堂の支援もしている私。デザインの仕事をしていて、実は習字の師範で、スナックのママを時々やってる私。ほらほら、こんな人たちがいたら話したくなるでしょう？　名刺は安上がりな自分ブランディングのツール。組織にいる人も自分だけの二毛作目の名刺を作り、多くの人に渡して、それをきっかけに新しい「縁」をつくっていってください。

Step 1

自分で決めた役割を書き出す

これから社会に対してどんな役割を担いたいのか？　自分で考えて書き出しましょう。今やっていることやこれからやっていきたいこと、そしてなんのためにそれをやっているか、やりたいかを考えます。組織名や屋号ではなく、「自分で決めた役割」であることが大事です。

ヒント　まだ世の中にない言葉を自作するのもＯＫ（ちなみに紫乃ママは「人や組織の強みを引き出すヒキダシ屋」。ＣＨＯ〝チーフヒキダシオフィサー〟です）。あるいは「他人タグ付け」のワークで人からもらったタグを参考にしてもいいかもしれません。

Step 2

これからやっていきたいことを書き出す

自分がこれから目指す方向性をさまざまな言葉で表現しましょう。もし起業したいテーマがあるなら「〇〇起業のため準備中」「〇〇〇（予定）」などと書いてもOK。お金にならなくてもいいのです。そして実現可能性もいったん横に置いておいて考えてください。

Step 3 自分の肩書を決める

1、2を眺めて、自分らしく、かつ他人の興味を引く、キーワードを2、3選び、組み合わせて自分の肩書にしましょう。ポイントは「クール」なものと、「え?」というキーワードの組み合わせ。その組み合わせによって「らしさ」「唯一性」が立体的に見えてくるはずです。アフターセッション1「自分の仕事にタグを付けよう」も参考にしてください。

例

- よい会社を社会に残すためのデューデリジェンスのプロで、瞑想《めいそう》家
- 社会の隅々にまでITの恩恵をもたらしたいITエンジニアで、農業女子　など。

ワークシート❸

Step1

自分で決めた役割は？

Step2

これからやっていきたいことは？

Step3

1と2の言葉を組み合わせて肩書にしよう

ちなみに私の名刺はこれ。肩書は「チーフヒキダシオフィサー」よ。2020年10月にオープンした「スナックひきだし」ではママを募集中！

Bonus Session
緊急討論！

男と女の生きづらさは表裏一体!?

アラフィフ世代、女もつらいが男もつらい！

アラフィフ世代、つらいのはなにも女性だけじゃありません。男性だって大変なんです！ 昼スナックにふらりと現れた、仕事や家族関係で悩みを抱える男性2人。迎え撃つのは、紫乃ママと男性学の論客として注目を集める社会学者・田中俊之さん。男の本音に迫ります！

Special Guest

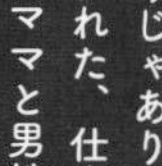

田中俊之さん
大正大学心理社会学部
准教授

1975年、東京都生まれ。専門領域は男性学、キャリア教育論。2017年より現職。男性学の第一人者として、新聞、雑誌、ネットメディア等で活躍している。著書は『男が働かない、いいじゃないか！』（講談社＋α新書）、『男子が10代のうちに考えておきたいこと』（岩波ジュニア新書）など多数。

来店客 9

「嫁ブロック」でやりたいこともできず…

圭さん（48歳、妻・子ども一人）

大学卒業後、電気系技術会社に勤務。エンジニアをしていたが、所属する事業部が縮小になり、40代前半で未経験の業務を担当することに。40代中盤に昭和気質が残る部署で体調を崩して2度の休職を経験。転職は妻の反対で断念。復職後は別の部門に出向したものの、2カ月後にまた元の部署に戻らなければならず、憂鬱な気持ちです。

来店客 10

「パワハラ上司」のレッテルに悩む…

孝太郎さん（50歳、妻・子ども一人）

大学卒業後、金融系の会社に勤務。30代で希望する海外事業部に異動が決まりかけたが、バブル崩壊で海外セクションは撤退。合わない上司とぶつかって遠方の支店に飛ばされたり、パワハラの疑いをかけられて激務の部署に配属されたり。一度立ってしまった「パワハラフラグ」のせいで異動希望は却下。会社内での評価や報酬面でモヤモヤしています。

紫乃ママ　いらっしゃい。あらあらお久しぶり。何飲みます？

圭　ビールで。ああ……、春が来るのが憂鬱だ～。

紫乃ママ　どうしたの～？　またまた悩みがありそうね。なんでも聞くわよ。今日はさ、もう一人、モヤモヤ男子が来てるのよ。

孝太郎　どうも。お先にハイボールいただいています。

紫乃ママ　圭さん、「春が憂鬱」なんて辛気臭い！　いったいどうしたのよ？

圭　会社の事業が縮小されて希望とは全く違う部署に配属されたんですけど、そこが業務的にも人間関係的にもつらくて。僕、メンタルをやられちゃって2回休職しているんですよ。復帰して今は取りあえず違う部署にいるんですけど、2カ月後には元の部署に戻らないといけなくて。

紫乃ママ　そっかそっか。それはツラいわ。で、孝太郎さんはどうしたって？

孝太郎　僕は金融系企業に勤めているんですけど、どうも「パワハラをするやつだ」というフラグが立っているらしい。今の時代、1番やばいフラグで、希望しても異動できない。キャリアが頭打ちで、これからどうしようかな、と。

紫乃ママ　パワハラかあ。それはキツイね。実際のところ身に覚えはあるの？

孝太郎　はっきり言ってぬれぎぬです。パート勤務の女性から、ある女性社員への苦情があり、それを本人に伝えたらいきなりその女性社員が上層部に訴えて。「あいつはパワハラ男だ」というレッテルが貼られてしまったみたいで。

男性に「働かない」選択肢はあるのか？

圭　それでパワハラフラグが立つなら、うちの会社なんて全員フラグ立ちますよ。昔は公開説教が当たり前で、上司から「お前、窓から飛び降りろ！」って言われたこともありました。

紫乃ママ　昔はそういうのあったあった。金融機関に勤めていた同期の男性なんて、新人の時、上司がキレて投げつけた灰皿（もちろんアルミのやつね）を避けたという理由でめちゃくちゃ怒られたとか言ってたもの。今それをやったら犯罪だよね。でも最近、本当のパワハラやセクハラと、敏感過ぎるクレーマー社員からのクレームとの見極めが難しくなってると思う。企業もさ、社員に言われたら何か対処しないわけにいかないのよね。事実はお互いの信頼関係のほころびだったりするのに。孝太郎さんのパワハラ騒動は何歳の時？

孝太郎　35歳ぐらいです。それからずっと禊《みそぎ》のつもりでエグい仕事にも耐えて成果を残してきました。今の上司は僕を評価してくれますが、異動希望は通らない。このままずっと評価されないなら人生1回しかないんだし、違う会社で働いてみたいな……なんてね。**モヤモヤしてますよ。50歳っていろいろ見えてくるタイミングだし。**今更あくせくしても仕方ない気もしますが、このままずっとモヤモヤし続けるよりは今の会社から飛び出したいという思いが消えません。

田中　一度貼られたパワハラのレッテルが15年も続くなんて、すごい世界ですね。**それに男っていうだけで「40年も働き続けなければいけない」が当然になっているのはキツいですよね。**あ、横からすみません。田中俊之と申します。

紫乃ママ　こちら大正大学で男性学を研究している田中先生。『男が働かない、いいじゃないか！』はじめ多くの本も出してらっしゃる社会学の先生。私、先生が「男性学」を研究されているのを知ってからいつかお店にお呼びしたいと思ってたの。**女の生きづらさって結局、男の生きづらさと密接につながっていて、表裏の関係だと思ってるの。**先生はそこのところを社会学的観点から深く研究されていて、先生の本を読むたびに「そうそう！　まさに」って首がもげそうなくらいうなずいてる。

田中　男性は20代で就職したら60歳まで仕事を辞めない、辞めちゃいけないという常識があまりにも強いじゃないですか。だから一度、「働かない」っていう選択肢まで含めて考えたら、なぜ自分はこの仕事をするのかはっきりするんじゃないかと思うんです。**お二人は「無職」が頭をよぎったことはないですか？**

一同　おお〜、無職ですか！

40代男性の賃金は、思っていたほど上がらない

圭　無職かぁ……そうですね。考えたことなくはないけど。**やっぱり子どももいるし、働かなきゃと。**妻も働いていますが僕の扶養の範囲内ですしね。

孝太郎　僕は、妻が何度か転職をしながらずっと働いてきたんだけど、最近いよいよ起業をしましてね。彼女はどんどん自分が好きな方向に移行してる。彼女もそれなりに給料がよかったので、僕が働かなくても食べてはいけたんだけど……。でも**僕は「働かない」という選択肢は考えたことがなかったな。**

紫乃ママ　女性の場合はさ、キャリアの途中で「働かない」っていう選択肢も割

と普通にあるのよね。

田中　やっぱり自由と安定は両立しないんですよね。**女性のほうが収入は不安定でも一定の自由はある。一方で男性は収入の安定はあるけど不自由ですよね。**それがまさにお互いの苦しみで、分かり合えない。相手がぜいたくなことを言っているように見えてしまう。

圭　僕の場合は、正社員として長く働いているという意味での安定はありますが、経済的安定と精神的安定はリンクしてないな。転職活動をしたこともあるんですけど、給料を含めた条件面が下がるからという理由で、妻に強く反対されて諦めました。安定した妻子の生活を担保する責任は感じていますし、その**責任を果たすまでは今の会社で耐え忍ばなければいけないのかなって思っています。**

孝太郎　その責任を果たした頃には自分も年を取っちゃって、好きなことをやろうにも体がついていかない、と。

紫乃ママ　ちょっと、男子たち〜、今日はなんだかダウナー系な昼スナね。

田中　自力でどうにもできない問題ですよね。今の日本社会はまだまだ男性のほうが相対的に稼げるから、男性が働けば家計は安定する。**社会構造的に男性が家計を担う役割分担をせざるを得ない**。

圭　とはいえ、実際40代の賃金は、昔思い描いていたより全然多くない。40代の男性は「本来はもっと給料をもらっているはずじゃないの?」って思うことがあります。僕が入社して早々に家族手当や住居手当が削られて……。独身の同僚はまだ余裕がありますが、子どもがいると全く余裕がない。その辺も納得いかない。だから下の世代も結婚にプラスのイメージを抱けないんでしょうね。

転職も学び直しもだめ…「嫁ブロック」に諦めモード

田中　50歳時点で一度も結婚したことのない男性は23・4％ですからね。結婚しない人も増えている。僕も子どもが二人いるから分かりますが、いくら社会が少子化だ、なんとかしなければ、と叫んでいても、実際にはサポート体制がしっかり整っているわけではありません。**自分が子どもを持ってみて「できるだけ、お前たちで頑張れ」ということなんだと痛烈に理解しました。**賃金でいうと40代前半が一番ひどい。その年齢はまさに就職氷河期世代で給料も上がりません。大学時代に思い描いていた40代、50代と全然違う。「話が違うだろ！」というのはこの世代の多くの男性が思っていることだと思います。

圭　会社は成果主義にシフトしていて、子どもへの出費はかかる一方。自分への投資に回す余裕が全くないです。**転職を考えても「今より給料がいいのか？」とまず妻に聞かれますし、大学で学び直したいなと思っても「その勉強はちゃんと元が取れるの？」と詰め寄られて、諦めました。**「嫁ブロック」ですね。

紫乃ママ　「嫁ブロック」ね。よく男性から聞く。もうさ、相談する前から「これ、絶対ブロックされるわ」って忖度《そんたく》している男性たちも多いしね。

孝太郎　確かに僕らが就職する頃、上の世代はもっともらっていましたね。ポストバブル入社の僕もこの20年で賃金ほとんど上がってないですから。

男の大きな夢を語らされ問題、無駄にあおられ問題！

田中　バブル時代というとすぐ「24時間戦えますか」というCMを思い浮かべますが、一方で高田純次さんが演じていた「5時から男」っていうCM、覚えてますか？　**実は、バブル時代は企業戦士だけでなく、ブラブラしているだけのおじさんも存在できた時代なんです。**今はそんなちゃらんぽらんな社員は許されません。経済の調子がよければ、ある程度の多様性は包摂されるんです。

圭　うちの妻は短大卒で、バブル期に入社しているので、その頃の楽しさをよく自慢されますよ。

田中　**昔は40代でひとかどの人物になっていたはずなのに。**時代は変わってしまったんです。それにもかかわらず、男の子にはいまだに「大きな夢を語らされる問題」というのがあります。大人になったら何になりたいかっていう調査で20年前から男の子はずっと変わらず「スポーツ選手」が上位に。女の子は「ケーキ屋さん」。今どきの親は、心の中では「公務員」になってほしいと思っているのに、なぜか男の子は大きい夢を語らなくてはいけないふうになっています。もはや高度成長期ではないのに男性はいまだに無駄にあおられ続けている。だからそのギャップが苦しいんです。

圭　僕は子どもの頃、作文で「将来は有名になる」って書いて（笑）。最近、趣味のバンドに力を入れてるのも、そういうルサンチマンの噴出かもしれません。

田中　「なりたかった自分」と「なっていない自分」。**50歳前後なら今の仕事の未来はほぼ見えてしまっていますから、その後をどう生きるか悩みます。**女性は、逆にいまだに、例えば「東京で一人暮らしなんてダメだ」という親の足かせで地元に引き留められたりする。女性は押さえ付けられてきたから、男性側の「あおられる怖さ」は分かりにくいかもしれませんね。

紫乃ママ　その「男だから〇〇しろ」的なあおりは、最近の「女性活躍」の流れと似てる気がする。とにかく「女だから活躍しろー！」っていう雑なくくり。活躍なんて人に言われてすることでもないし、性別なんかではなくて、もっとパーソナルなものであるはずなのに。今までの男性に対するあおり、「男なんだからでっかい夢を」とかと同じような乱暴さでプレッシャーをかけてくる。

女性たちはその雑さに辟易《へきえき》して心の中では「クソ食らえ」としたたかに思っていますけど、企業の中にいるとその波を受けざるを得ない場面も多い。アラフィフ世代は、男も女も、不景気と社会変化、そして「性別役割分業」の変化のはざまで、働き方やパートナーシップに悩み多きお年ごろですよね。なんか今日はしんみりしちゃうわね〜。ところで圭さん、孝太郎さん。家族との関係はどうなの？

「名もなき家事」でマウンティングされる

圭　まだ子どもが中学生なんですが、高校に進学して手が離れるタイミングで妻が「フルタイムで働こうかな」と言っています。実は、それに戦々恐々なんです。

紫乃ママ　え〜どうして？　そのほうがいいじゃない。

圭　いや、それは「自分より妻が稼ぐのが嫌だ」という陳腐なプライドでは全くなくて、**単純に「稼ぎが半々」イコール、「家事の責任が半々」となることが怖いんです。**今、収入が8：2くらいですが、僕は自分では家事の4割くらいやっていると思っていたんです。でも、この前「あんた、ほとんど家事やってないじゃない！」と言われて。それで自分がやった家事をノートに記録して、次に文句を言われた時に見せたんですよ。**そうしたら「名もなき家事」という概念を持ち出してマウンティングされました。**だから妻がフルタイムで働いたら家事の分担はどうなるのか。感覚的には7割やらないと認められないのではないかと思うと「無理して働かなくていいよ」と言ってしまうんです。

紫乃ママ　ひゃー、夫婦で家事をめぐる仁義なき戦い。距離が近いからこそ、お互いへの期待を捨て切れない。

田中さん　例えば、家事のレベルを下げることで解決してみてはどうですか?「収入を増やす」のと「部屋が多少汚れても我慢する」、これはトレードオフだと思います。奥さんも働き始めたら意識が変わったりしませんか?

圭　いや、そこは妥協しないポイントだと思います。妻はすごくきれい好きなんです。だから僕が掃除しても「これじゃ汚い」っていうクレームをすごく受ける。家事の品質に厳しいんですよ。

田中　なるほど。家事分担の見える化やタスク化はケンカにしかならないのでやめたほうがいいですね。**仕事の論理を家庭に持ち込むのはよくないです。**うちも一回やったらまんまとケンカになりました。

紫乃ママ　きっと奥さんのアイデンティティーがそこにあるんでしょうね。「家をきれいにキープしている私」っていうこだわりポイントが。私たちより上の世代の男性は家事をしない人が多いじゃない。だから女性側もそもそも最初から期待しない人が多い。逆に私たちより下の世代は男性も家事をするのが普通になってきている。**40代後半の世代は、男女問わず価値観が交錯していて難しいのよね。**

田中　育児の分担はどうですか?

育児を「手伝おうか?」は地雷ワード

圭　育児にも積極的に関与してきました。会社の飲み会も断っていましたし。

紫乃ママ　孝太郎さんはどう？

孝太郎　僕は育児は、全くしていないですね。でも、うちは家事分担は決まっていて、掃除・洗濯・皿洗いは基本的に僕の担当になっています。大変なときは家事代行サービスを頼むことも。本当にしんどいときはお金で解決です。妻もずっと仕事をしていたのでそこは割り切っていますね。

圭　うちは家事をはっきり分担するのはちょっと……。柔軟性はあったほうがいいのかなと。

孝太郎　うちも絶対ではないですけどね。あんまり仕事みたいに厳密に分けるとしんどいですね。

田中　圭さんの場合は、家庭が職場化していますね。

圭　「手伝おうか？」って言っただけでイラッとされます。「手伝うじゃないでしょ！」って。

孝太郎　育児は特にそれ言われれますよ。**「手伝う」って地雷ワードです。**

圭　だからって台所みたいな狭い空間でお互いに主導権を取り合おうとしたら軋《あつ》轢《れき》が起きるわけで。これはなかなか難しいですよね。

家が地雷だらけだった！

孝太郎　妻が言うには、夫の育児は学生アルバイトを相手にするようなもの。（夫は）やる気はあっても何をどうしていいか分からない状態。だから手順を説明して、ちゃんとできたら褒めてあげる。それが夫の育て方らしいです。

紫乃ママ　妻がその虎の巻を夫に開示してるって面白い。そして割り切ってる。

田中　でも時にそれも炎上ワードで、男性からそれを言ったりすると**「なんで夫まで育てなければいけないの?!」と女性に言われますよ。**

孝太郎　それも地雷なのか……。

圭　うちなんてもう、家の中が地雷だらけです。ただ**家事の主従関係でいうと妻が「主」で僕が「従」ではあると思うんです。だから「手伝おうか」って言って、妻が望む手順通り着実に行うのが一番無難。**あ、この考え方は仕事ですね（笑）。

田中　めっちゃ仕事になってますね。

紫乃ママ　素朴に「できるほうが得意なことやる」ってわけにはいかないものなのかな。この「男性の家事育児論争」も「こうあるべきだ」みたいなべき論を振りかざした途端にお互いにしんどくなる。カップルごとに「私らのルール」を決めていくしかないね。圭さんの場合、奥さんが家にずっといると、小さなことが気になるし、家のことは子どものことも含めて完璧にしなきゃっていう見えないプレッシャーがかかってくるんだと思う。奥さんもそろそろフルタイムの仕事とまでは言わなくても、圭さんのバンド活動のようなサードプレイス的な場が必要なのかも。

圭　それはありますね。

孝太郎　僕は妻には社会に出て輝いてほしい。この前もどこかの女性起業家のコンテストみたいなので表彰されたようです。ジェラシーや羨望もないといえば嘘になるけど、彼女が元気でやってるのはうれしいし、彼女の意識が外に向いているせいか家の細かいことはあまり言われない。

紫乃ママ　**男も女も、家や仕事しか自分を発揮できる場がないのはちょっと苦しいかもね。**圭さんは奥さんも一緒にすこしずつ家の外に連れ出してあげたらいいと思うな。

「老後は夫婦仲良く」は男のロマン？

田中　ところで、お二人は「卒婚」って興味ありますか？

圭・孝太郎　そ、卒コン？ 卒コンって何ですか？

田中　子どもがある程度まで育てば一緒に暮らしている理由もないから、離婚はしないけど別居するってことです。

孝太郎　「結婚」の卒業ですか。合コンのコンかと思った！ 町コンみたいな。

紫乃ママ　卒婚を知らないの?! 女性はみんなこの言葉、知ってますよ。卒婚は女性から男性に言い渡すことがほとんどみたいだから、考えたことはないのか。

孝太郎　僕はぬれ落ち葉（仕事も趣味も仲間もなく、妻に頼り切って離れようとしない定年退職後の男性のこと）系ですから。妻とは付かず離れずでいきたいなぁと。

圭　うちも、妻とは言い争いが絶えない時期もありますが、基本は仲がいいです。僕も、老後は夫婦で仲良くしたいですね。

紫乃ママ　ふふ、それは男のロマン。幻想かもよ……。ほら昔あったじゃん。ネットで「妻」って検索すると「プレゼント」とかが予想検索で出るけど、「夫」って検索すると「死んでほしい」って出てくるって話。

孝太郎　僕の妻は「あんたと別れても生きていけるように仕事しているのよ」と言っていますが、それでいいと思っています。離婚以外に死別もありますし、僕が病気で働けなくなることもありますから。いつか妻が「さよなら」って、いなくなることはあるかもな……と考えたことはあります。

男も女も本当はもっと褒められたい

田中　話は変わりますが、圭さんは2カ月後に仕事内容も勤務場所も変わるんですよね？　通勤に片道2時間かかるとか？

圭　そうなんです。また前の部署に戻るので2時間になります。それが正念場ですよね。居場所があるのか、無理な業務をさせられるのでないかとか。

田中　お話をずっと聞いていて思うのは、お二人はもっと褒められてもいいということ。**みんな男性が長年働くことを当たり前だと思っていて、それに対するねぎらいがない。**でも、今日聞けば分かるように、辞めずに働き続けるって実はすごく大変なことです。男って小さな頃から「男である」という理由だけで、競争をあおられ、一流企業を目指したり、スポーツ選手を目指したりしますが、実は本人たちの中では「なったからといって……」という気持ちもあります。勝ち続けられる人生なんてないわけですから。

圭　自分も父親がいい大学を出ていたので、お前も頑張れとは言われましたね。

田中　それでも、高度成長期であれば働き続けていると暮らし向きがよくなって親の世代よりいい暮らしができましたが、僕らの世代は自分の親よりいい暮らしができない可能性が大きいし、僕らの子どもが自分よりいい暮らしができない可能性もあります。**それを「男だから」って偉くなれとあおるのはやめたほうがいいですね。**

紫乃ママ　「男だから」「女だから」っていう分け方は、やっぱり雑過ぎる。さっき田中先生が言った「もっと褒められていい」というのはキーワードですね。以前、「夫がすぐキレるのがつらい」と相談に来た女性に「褒めてみたら」と話したんです。それで実際に言葉にして旦那さんに感謝を伝えたら関係性が変わったとおっしゃっていました。彼女自身も「誰からも褒められない」っていう気持ちがあって、男女ともに褒められたり、感謝されたりすることが足りないのかなって思いました。

孝太郎　褒めたり、褒められたりはあんまりないかも。日々は淡々と過ぎていきますね。お互いに照れがありますしね。

田中　お互いさまだと思うんです。男性は家事や育児を任せるのが当たり前になりがちですけど、やってもらっている場合はもっと女性をねぎらったほうがいいし、逆に男性が働くことが普通だと思っているけど、それだって普通じゃない。**もう少し「働いている」人にもねぎらいがあってもいいですよね。**

紫乃ママ　男性は男性で一生懸命に働いているにもかかわらず、給料もなかなか上がらない、一方で家事育児を主体的にできずにいて申し訳ない、という後ろめたさも抱えている。**男性も女性もお互いがしんどさを抱えているのが今の時代**

なのよね。そこにいてくれることが当たり前だと思わずに、お互いの存在に改めて感謝するって大事ね。夫婦って一番近い他人だし、分かっているようで分かってないことも多いし。結婚って一生かけてお互いを探求し続ける旅かもしれない。紫乃ママは、行き先変更しがちだけどね。

おわりに
～閉店後の静かなスナックで～

これを読んでくれているあなたは、女性？ 男性？ それともそのどちらでもない方？ 年齢は？ どこに住んで、何をやってきた人？

ねえ、スナックのママが偉そうなこと言ってもあまり響かないかもしれないけれど、改めて言いたいことは、あなたは唯一の存在だということ。今まで生きてきた軌跡がどんなに自分にとっては恥ずかしかったり、暗い過去だったりしたとしても、これまで生きてきて、今そこに存在しているあなたは一人しかいないということ。そして、そこにこそ価値があると言いたい。

いろんな人がいろんなことを言ってくる時代です。「あれをやらないとこれからは稼げない」「これを知らないと時代に遅れる」……。この本だってそうよね

(笑)。こんなことを言っちゃうと元も子もないけれど、そんなの話半分に聞いと

けばいい。誰もあなたの人生に責任なんか取ってくれないでしょ?　私だって責

任を取れるのは最終的には私の人生だけ。だからね、自分のことは自分で決めれ

ばいいのよ。自分の心の底の声、「何が好きなのか」「何が嫌なのか」をきちんと

聞いて。

そして大事なのはここ。決めたら行動する。自分で選んだ選択はよい結果にな

るように、できる限り努力はしましょうよ。せっかく自分で選んだんだからね。

でもね、もしうまくいかなかったらそこでやり直せばいいんです。死なない限

り、たいていのことはやり直せる。それが今の時代のいいところじゃない?　も

っと封建的な時代はそうはいかなかった。だから自分から選択の自由を手放しち

ゃダメよ。あなたの人生はあなたしか生きられないんだから。

そして、どうしてもうまくいかないってなったら人の助けを借りるんですよ。

だって世界には自分以外に70億人も人間がいるのよ？　あなたを支援してくれる人が1人か2人くらいは絶対にいるから。

どうしてもそれが見つからない、自分の挑戦が特殊過ぎて話す人がいない、あるいはとにかく応援してほしい、という人は「スナックひきだし」に来てよ。

無責任に、でも少しだけ愛をこめて「やったらいいじゃん！」「やめたらいいじゃん！」って言ってあげるから。私も2020年10月に、新型コロナウイルス時代の流れに逆張りして、スナックの間借りを卒業して赤坂で自分のお店を出したの。人に「やれやれ」って言うだけじゃなくて私も挑戦する。また行きあたりばったりの人生がスタートです。あなたの挑戦や私の挑戦そのものが、迷っている誰かの背中を押すこともあるのよ。

赤坂で待ってます。

「スナックひきだし」紫乃ママ

中高年世代のキャリア支援事業会社CEO／「スナックひきだし」ママ
木下紫乃　Shino Kinoshita

1968年、和歌山県生まれ。慶応義塾大学卒業後、リクルートに入社。その後、転職を繰り返し、47歳で慶応義塾大学大学院修了。2016年には40、50代のキャリア再構築を支援する会社「ヒキダシ」を設立。企業研修（セカンドキャリア研修）や中高年のキャリアコーチングをなりわいとするかたわら、週1回、昼だけ営業する「スナックひきだし」を開店。「昼スナブーム」を巻き起こす。プライベートでは3度の結婚など紆余曲折、盛りだくさん。

昼スナックママが教える
45歳からの
「やりたくないこと」を
やめる勇気

2020年11月24日　初版第1刷発行
2024年2月5日　初版第3刷発行

著者　木下紫乃
発行者　佐藤珠希
発行　日経BP
発売　日経BPマーケティング
〒105-8308　東京都港区虎ノ門4-3-12

表紙デザイン　坂川朱音（朱猫堂）
ブックデザイン　但野理香（ESTEM）
文　竹下順子
イラスト　坂本伊久子
撮影　洞澤佐智子
編集・文　市川礼子

印刷・製本　図書印刷

ISBN 978-4-296-10833-6　Printed in Japan